Langenscheidt
Universal-Sprachführer

Schwedisch

Die wichtigsten Sätze plus Reisewörterbuch

Langenscheidt

Abkürzungen

n sächlich
pl Plural

Bildnachweis

Cover: Getty Images/Deejpilot
S. 8: Getty Images/JulPo
S. 26: Shutterstock/Tommy Alven
S. 62: Getty Images/mikeuk
S. 80: Shutterstock/Ronald Sumners
S. 110: Shutterstock/Erika Cristina Manno
S. 140: Getty Images/Henrik Trygg
S. 170: Getty Images/Birgittas
S. 204: Getty Images/Nataliia Gorsha

Gestaltungskonzept von Farnschläder & Mahlstedt, Hamburg
Covergestaltung von KW43 BRANDDESIGN, Düsseldorf

Satz: zweiband.media, Berlin
Druck und Bindung: C. H. Beck, Nördlingen
ISBN 978-3-12-514344-9
www.langenscheidt.com

Inhalt

Übernachten 62

Essen & Trinken 80

Einkaufen 110

Aktivitäten 140

Gut zu wissen 170

Reisewörterbuch 204

Um Ihnen eine Hilfe bei der Aussprache zu geben, haben wir alle schwedischen Sätze und Wörter zusätzlich in vereinfachter Lautschrift aufgenommen.

Das Zeichen : zeigt an, dass der vorangehende Vokal lang gesprochen wird: bröd brö:d Brot. Dort, wo der deutsche Sprecher fälschlicherweise zu einer langen Aussprache neigen könnte, wird in der Lautschrift der folgende Konsonant verdoppelt: min minn mein. Ein Bindestrich - in der Lautschrift zeigt an, dass hier zwei Silben aufeinandertreffen, die getrennt zu sprechen sind: utsikt ü:t-sickt Aussicht.

St und sp spricht man wie *st* in Mist und *sp* in Wespe, außer in Verbindungen mit r: första förschta erster.
In der Regel wird im Schwedischen die erste Silbe betont. In abweichenden Fällen haben wir in der Lautschrift vor der betonten Silbe ein Betonungszeichen ' gesetzt, z. B. biljett bill'jett Fahrkarte.

Text	Laut-schrift	Aussprache	Beispiel
a	a a:	kurzes *a* wie in Wasser langes, geschlossenes *a*, fast wie *o*	tack tack danke jag ja: ich
c	s k	stimmloses *s* wie in Wasser wie das *k* in Kind	recept re'sept Rezept café ka'fe: Café

dj / gj / hj / lj	j	wird jeweils nur als *j* ausgesprochen	**djur** jü:r Tier **ljus** jü:s Licht
gn	gn	das *g* erhält als Vorlaut ein nasales *n* (*ngn*)	**regn** regn Regen
k	ch k	vor hellem Vokal wie *ch* in ich vor dunklem Vokal wie *k* in Kind	**kilo** chi:lo Kilo **konst** konst Kunst
o	u u: o o:	kurzes *u* langes *u* kurzes offenes *o* wie in Post langes, geschlossenes *o*, zwischen *o* und *u*	**kort** kurt Karte **ost** u:st Käse **klocka** klocka Uhr **son** so:n Sohn
s	s	immer stimmlos, wie in Wasser	**säng** säng Bett
u	ü ü:	kurzes *ü* langes *ü*, zw. *ü* und *u*	**guld** güld Gold **hus** hü:s Haus
y	y y:	kurzes *ü* wie in Stück langes *y*, zw. *ü* und *i*	**yrke** yrke Beruf **ny** ny: neu
å	o o:	kurzes offenes *o* wie in Post langes, geschlossenes *o* wie in Monat	**sång** song Lied **tvål** two:l Seife
ä	ä ä:	kurzes *ä*, zwischen *ä* und *e* langes *ä* wie in sägen	**däck** däck Reifen **här** hä:r hier

Ins Gespräch kommen

Verständigung

Spricht hier jemand ►	**Talar någon här ►** ta:lar no:gon hä:r ►
► Deutsch?	**► tyska?** tyska?
► Englisch?	**► engelska?** engelska?
Haben Sie verstanden?	**Förstår du?** för'schto:r dü:?
Ich habe verstanden.	**Jag förstår.** ja: för'schto:r.
Ich habe das nicht verstanden.	**Jag förstår inte.** ja: för'schto:r inte.
Sprechen Sie bitte etwas langsamer.	**Kan du prata lite långsammare, är du snäll?** kann dü: pra:ta li:te long-sammare, ä:r dü: snäll?
Könnten Sie das bitte wiederholen?	**Kan du säga det en gång till, är du snäll?** kann dü: säija de: enn gong till, ä:r dü: snäll?
Was bedeutet ...?	**Vad betyder ...?** wa: be'ty:der ...?
Könnten Sie es mir bitte aufschreiben?	**Kan du skriva upp det till mig, är du snäll?** kann dü: skri:wa üpp de: till mej, ä:r dü: snäll?

Begrüßung

Hallo!	**Hej!** hej!
Guten Tag!	**God dag!** gu: da:!
Guten Abend!	**God kväll!** gu: kwäll!
Gute Nacht!	**God natt!** gu: natt!
Wie geht's?	**Hur är det?** hü:r ä:r de:?
Wie geht es Ihnen | dir?	**Hur mår du?** hü:r mo:r dü:?
Danke, gut. Und Ihnen | dir?	**Tack, bra. Och med dig?** tack, bra:. o: me: dej?
Tschüs!	**Hejdå!** hejdo:!
Auf Wiedersehen!	**Hejdå!** hejdo:!
Bis morgen!	**Vi ses i morgon!** wi: se:s i morron!
Bis bald!	**Vi ses!** wi: se:s!

Info Unabhängig vom Alter der Person und der Tageszeit begrüßt man sich mit **hej**. Umgangssprachlich sind auch **hej hej**, **tjena** sche:na (Hi) oder **hejsan** hejsan (Hallo) üblich.

Info Eine Unterhaltung beginnt man oft mit Hur är det? hü:r ä:r de:? (Wie geht's?). Unter jüngeren Leuten ist hierfür eher (Hur är) Läget? (hü:r ä:r) lä:get? üblich. Geantwortet wird mit Bra, tack. bra:, tack. (Gut, danke.) oder Ähnlichem. Zum Abschied heißt es meist hejdå! hejdo:! (Tschüs!) oder vi ses! vi: se:s! (Bis bald!).

Sich kennenlernen

Sich bekannt machen

Wie heißen Sie | heißt du?	Vad heter du? wa: he:ter dü:?
Ich heiße ...	Jag heter ... ja: he:ter ...
Woher kommen Sie | du?	Varifrån kommer du? wa:ri-fro:n kommer dü:?
Ich komme aus ►	Jag kommer från ► ja: kommer fron ►
► Deutschland. ► Österreich. ► der Schweiz.	► Tyskland. tysk-land. ► Österrike. öster-ri:ke. ► Schweiz. schwejts.
Wie alt sind Sie | bist du?	Hur gammal är du? hü:r gammal ä:r dü:?
Ich bin ... Jahre alt.	Jag är ... år gammal. ja: ä:r ... o:r gammal.

Sind Sie | Bist du verheiratet?	Är du gift? ä:r dü: jift?
Ich bin ► ►ledig. ►verheiratet. ►geschieden.	Jag är ► ja: ä:r ► ►ogift. u:jift. ►gift. jift. ►skild. schild.
Haben Sie | Hast du Kinder?	Har du barn? ha:r dü: ba:rn?

Sich verabreden

Treffen wir uns ► ►heute Abend? ►morgen?	Seś vi ► se:s wi: ► ►i kväll? i: kwäll? ►i morgon? i: morron?
Wollen wir heute Abend zusammen essen?	Ska vi gå ut och äta tillsammans i kväll? ska: wi: go: ü:t o: ä:ta till'sammans i: kwäll?
Wann treffen wir uns?	När ska vi träffas? nä:r ska: wi: träffas?
Wo treffen wir uns?	Var ska vi träffas? wa:r ska: wi: träffas?
Treffen wir uns doch um ... Uhr.	Ska vi träffas klockan ...? ska: wi: träffas klockan ...?

Wie ist Ihre ▸ ▸ Handynummer? ▸ E-Mail-Adresse?	**Vad är ▸** wa: ä:r ▸ **▸ ditt mobilnummer?** ditt mo'bil-nümmer? **▸ din epost-adress?** dinn e:-post-a'dress?
Ich hole Sie | dich um … Uhr ab.	**Jag hämtar dig klockan ….** ja: hämmtar dej klockan ….
Ich bringe Sie | dich nach Hause.	**Jag följer dig hem.** ja: följer dej hemm.
Es tut mir leid, aber ich muss jetzt gehen.	**Jag är ledsen, men jag måste gå nu.** ja: ä:r lessen, menn ja: moste go: nü:.
Vielen Dank für den netten ▸ ▸ Abend. ▸ Tag.	**Tack så mycket för ▸** tack so: mycke för ▸ **▸ i kväll.** i: kwäll. **▸ i dag.** i: da:.
Sehen wir uns noch einmal?	**Ses vi igen?** se:s wi: i'jenn?
Sehr gerne.	**Ja gärna.** ja: jä:rna.
Vielleicht.	**Kanske.** kansche.
Es tut mir leid, aber ich kann nicht.	**Jag är ledsen, men jag kan inte.** ja: ä:r lessen, men ja: kann inte.

Flirten

Sind Sie | Bist du alleine hier?	**Är du här ensam?** ä:r dü: hä:r ensamm?
Ich warte auf jemanden.	**Jag väntar på någon.** ja: wäntar po: no:gon.
Lassen Sie mich in Ruhe!	**Låt mig vara i fred!** lo:t mej wa:ra i fre:d!
Verschwinde!	**Stick!** stick!
Du gefällst mir sehr.	**Jag tycker mycket om dig.** ja: tycker mycke omm dej.
Kommst du mit zu mir?	**Följer du med mig hem?** följer dü: me: mej hemm?
Ich mag dich.	**Jag tycker om dig.** ja: tycker omm dej.
Ich liebe dich.	**Jag älskar dig.** ja: älskar dej.
Ich möchte mit dir schlafen.	**Jag skulle vilja ha sex med dig.** ja: skülle wilja ha: seks me: dej.
Aber nur mit Kondom.	**Men bara med kondom.** menn ba:ra me: kon'do:m.

Weitere Wörter

Adresse	adress, -en a'dress
allein	ensam ensamm
Beruf	yrke, -t yrke
Bruder	bror, brodern bru:r
einladen (zum Essen)	bjuda bjü:da
erfreut	trevligt tre:wlit
essen gehen	gå ut och äta go: ü:t o: ä:ta
Foto	foto, -t fu:to
Frau (Ehefrau)	fru, -n frü:
Frau (allg.)	kvinna, -n kvinna
Frau (Anrede)	fru frü:
Freund (Partner)	pojkvän, -nen pojk-wänn
Freund (allg.)	vän, -nen wänn
Freundin (Partnerin)	flickvän, -nen flick-wänn
Freundin (allg.)	väninna, -n wänn'inna
Geschwister	syskon, -et syskon
Herr (auch Anrede)	herr, -n herr
ich heiße	jag heter ja: he:ter
Junge	pojke, -n pojke
kennenlernen	lära känna lä:ra chänna
Kind	barn, -et ba:rn
kommen aus	komma ifrån komma ifro:n
Kondom	kondom, -en kon'do:m
Land	land, -et land
langsam	långsam longsam
Mädchen	flicka, -n flicka

Mann	man, -nen mann
mögen	tycka om tycka omm
Mutter	mor, modern mu:r
Schule	skola, -n sku:la
Schwester	syster, -n syster
sich treffen	träffas träffas
sich verabreden	bestämma träff be'stämma träff
Sohn	son, -en so:n
sprechen	prata pra:ta
Stadt	stad, -en sta:d
Student(in)	student, -en stü'dent
studieren	studera stü'de:ra
tanzen gehen	gå ut och dansa go: ü:t o: dansa
Tochter	dotter, -n dotter
Urlaub	semester, -n se'mester
Vater	far, fadern fa:r
verheiratet	gift jift
verlobt	förlovad för-lo:wad
Verlobte	fästmö, -n fäst-mö:
Verlobter	fästman, -nen fäst-mann
verstehen	förstå för'schto:
warten	vänta wänta
wenig	lite li:te
wiederholen	upprepa üpp-re:pa
wiedersehen	ses igen se:s i'jenn

Zeitangaben

Wie spät ist es?	Hur mycket är klockan? hü:r mycke ä:r klockan?
Es ist zwölf Uhr ►	Klockan är tolv på ► klockan ä:r tolw po: ►
► mittags.	► dagen. da:gen.
► nachts.	► natten. natten.
Es ist zwei Uhr.	Klockan är två. klockan ä:r two:.
Es ist fünf nach vier.	Klockan är fem (minuter) över fyra. klockan ä:r femm (mi'nü:ter) ö:wer fyra.
Es ist Viertel nach fünf.	Klockan är kvart över fem. klockan ä:r kwart ö:wer femm.
Es ist halb sieben.	Klockan är halv sju. klockan ä:r halw schü:.
Es ist fünf nach halb vier.	Klockan är fem över halv fyra. klockan ä:r femm ö:wer halw fyra.

Info Bei der Angabe der Uhrzeit verwendet man meist die Zahlen von 1 bis 12. Zur Verdeutlichung kann man på morgonen po: morronen (morgens), på eftermiddagen po: efter-middan (nachmittags) oder på kvällen po: kvällen (abends) hinzufügen.

Es ist Viertel vor neun.	Klockan är kvart i nio. klockan ä:r kwart i ni:o.
Es ist ein Uhr.	Klockan är ett. klockan ä:r ett.
Es ist zehn vor acht.	Klockan är tio (minuter) i åtta. klockan ä:r ti:o (mi'nü:ter) i otta.
Um wie viel Uhr?	Vilken tid? wilken ti:d?
Um zehn Uhr.	Klockan tio. klockan ti:o.
Bis elf Uhr.	Till klockan elva. till klockan elwa.
Von acht bis neun Uhr.	Från klockan åtta till nio. fro:n klockan otta till ni:o.
Zwischen zehn und zwölf Uhr.	Mellan tio och tolv. mellan ti:o o: tolw.
In einer halben Stunde.	Om en halvtimme. omm enn halw-timme.
Den Wievielten haben wir heute?	Vilket datum är det i dag? wilket da:tüm ä:r de: i da:g?
Heute ist der 2. Juli.	I dag är det den andra juli. i da:g ä:r de: denn andra jü:li.

Wochentage

Montag	måndag mon-da:g
Dienstag	tisdag ti:s-da:g
Mittwoch	onsdag u:ns-da:g
Donnerstag	torsdag tursch-da:g
Freitag	fredag fre:-da:g
Samstag	lördag lör-da:g
Sonntag	söndag sön-da:g

Monate

Januar	januari janü'a:ri
Februar	februari febrü'a:ri
März	mars marsch
April	april a'pri:l
Mai	maj mai
Juni	juni jü:ni
Juli	juli jü:li
August	augusti au'güsti
September	september sep'tember
Oktober	oktober ok'tu:ber
November	november no'wember
Dezember	december de'sember

Weitere Wörter

Abend	**kväll, -en** kwäll
abends	**på kvällen** po: kwällen
bald	**snart** sna:rt
bis	**till** till
früh	**tidigt** ti:dit
Frühling	**vår, -en** wo:r
gestern	**i går** i go:r
halbe Stunde	**halvtimme, -n** halw-timme
Herbst	**höst, -en** höst
heute	**i dag** i da:g
heute Abend	**i kväll** i kwäll
heute Morgen	**i morse** i morsche
heute Nachmittag	**i eftermiddag** i efter-midda:g
in 14 Tagen	**om fjorton dagar** omm fju:rton da:gar
Jahr	**år, -et** o:r
jetzt	**nu** nü:
manchmal	**ibland** i'bland
Minute	**minut, -en** mi'nü:t
mittags	**vid lunchtid** vi:d lunsch-ti:d
Monat	**månad, -en** mo:nad
morgen	**i morgon** i morron
Morgen	**morgon, -en** morron
morgens	**på morgonen** po: morronnen
Nachmittag	**eftermiddag, -en** efter-midda:g

nachmittags	**på eftermiddagen** po: efter-midda:gen
nächstes Jahr	**nästa år** nästa o:r
Nacht	**natt, -en** natt
nachts	**på natten** po: natten
seit	**sedan** se:dan
Sekunde	**sekund, -en** se'künd
Sommer	**sommar, -en** sommar
spät	**sent** se:nt
später	**senare** se:nare
Stunde	**timme, -n** timme
Tag	**dag, -en** da:g
übermorgen	**i övermorgon** i ö:wer-morron
um	**klockan** klockan
Viertelstunde	**kvart, -en** kwart
vor einem Monat	**för en månad sedan** för enn mo:nad se:dan
vorgestern	**i förrgår** i förr-go:r
vor Kurzem	**nyligen** ny:ligen
Vormittag	**förmiddag, -en** för-midda:g
vormittags	**på förmiddagen** po: för-midda:gen
Winter	**vinter, -n** winter
Woche	**vecka, -n** wecka
Zeit	**tid, -en** ti:d

Wetter

Wie wird das Wetter ►	Hur blir vädret ► hü:r blir wä:dret ►
► heute?	► i dag? i da:g?
► morgen?	► i morgon? i morron?
Es wird ►	Det blir ► de: bli:r ►
► schön.	► fint. fi:nt.
► schlecht.	► dåligt. do:lit.
► warm.	► varmt. warmt.
► heiß.	► hett. hett.
► kalt.	► kallt. kallt.
► schwül.	► kvavt. kwa:wt.
Es wird ► geben.	Det kommer att ► de: kommer att ►
► Regen	► regna. regna.
► ein Gewitter	► åska. oska.
Die Sonne scheint.	Solen skiner. su:len schi:ner.
Es ist ziemlich windig.	Det är ganska blåsigt. de: ä:r ganska blo:sit.
Es regnet.	Det regnar. de: regnar.
Es schneit.	Det snöar. de: snö:ar.

Wie viel Grad haben wir?	**Hur många grader är det?** hü:r monga gra:der ä:r de:?
Es sind ... Grad.	**Det är ... grader.** de: ä:r ... gra:der.
Es sind ... Grad unter null.	**Det är ... grader minus.** de: ä:r ... gra:der mi:nüs.

Weitere Wörter

bewölkt	**molnig** mu:lni
Blitz	**blixt, -en** blikst
Dämmerung (abends)	**skymning, -en** schymmning
Dämmerung (morgens)	**gryning, -en** gry:ning
diesig	**disig** di:si
Donner	**åska, -n** oska
es friert	**det fryser** de: fry:ser
es taut	**det töar** de: tö:ar
feucht	**fuktig** fük-ti
frieren	**frysa** fry:sa
Frost	**frost, -en** frost
Glatteis	**halka, -n** halka
Hagel	**hagel, haglet** ha:gel
heiter	**strålande** stro:lande
Hitze	**värme, -n** wärme

klar	klar kla:r
Klima	klimat, -et kli'ma:t
kühl	kylig chy:li
Luft	luft, -en lüft
Mond	måne, -n mo:ne
nass	blöt blö:t
Nebel	dimma, -n dimma
Nieselregen	duggregn, -et dügg-regn
Regenschauer	regnskur, -en regn-skü:r
regnerisch	regnig regni
Schnee	snö, -n snö:
Sonne	sol, -en su:l
Sonnenaufgang	soluppgång, -en su:l-üpp-gong
Sonnenuntergang	solnedgång, -en su:l-ne:d-gong
sonnig	solig su:li
Stern	stjärna, -n schä:rna
Sturm	storm, -en sto:rm
stürmisch	stormig sto:rmi
tauen	töa tö:a
Temperatur	temperatur, -en tempera'tü:r
trocken	torka torka
Unwetter	oväder, ovädret u:wä:der
wechselhaft	växlande wäkslande
Wind	vind, -en wind
Wolke	moln, -et muln

STOCKHOLM
MALMO

Unterwegs

Ein- und Ausreise

Das könnten Sie hören:

Kan jag få se ditt pass, tack.
kann ja: fo: se: ditt pass, tack.
Ihren Pass, bitte.

Kan jag få se din legitimation, tack.
kann ja: fo: se: dinn legitima'schu:n, tack.
Ihren Personalausweis, bitte.

Ditt pass har gått ut.
ditt pass ha:r gott ü:t.
Ihr Pass ist abgelaufen.

Har du något att förtulla?
ha:r dü: no:got att för'tülla?
Haben Sie etwas zu verzollen?

Det måste du förtulla.
de: moste dü: för'tülla.
Das müssen Sie verzollen.

Var vänlig och öppna bakluckan.
wa:r wänlig o: öppna ba:k-lückan.
Öffnen Sie bitte den Kofferraum.

Var vänlig och öppna resväskan.
wa:r wänlig o: öppna re:s-väskan.
Öffnen Sie bitte den Koffer.

Weitere Wörter

EU-Bürger	**EU-medborgare, -n** e:ü:-me:d'borjare
Fahrzeugpapiere	**bilpapper** bi:l-papper
Familienname	**efternamn, -et** efternammn
Führerschein	**körkort, -et** chör-kurt
Grenze	**gräns, -en** gräns
grüne Versicherungskarte	**grönt kort** grö:nt kurt
gültig	**giltig** jilti
Impfpass	**vaccinationsintyg, -et** waksina'schu:ns-innty:g
Mehrwertsteuer	**moms, -en** momms
Nationalitäts-kennzeichen	**nationalitetsbeteckning, -en** natschunali'te:ts-be'täckning
Nummer	**nummer, numret** nümmer
Papiere	**papper** papper
Quittung	**kvitto, -t** kwitto
Rechnung	**räkning, -en** rä:kning
Staatsangehörigkeit	**nationalitet, -en** natschunali'te:t
ungültig	**ogiltig** u:jilti
Unterschrift	**underskrift, -en** ünder-'skrift
Wohnort	**hemort, -en** hemm-u:rt
Zoll	**tull, -en** tüll
Zollerklärung	**tulldeklaration, -en** tüll-deklara'schu:n

Fragen nach dem Weg

Entschuldigung, wo ist ...?	Ursäkta, var ligger ...? ü:r'schäckta, wa:r ligger ...?
Wie komme ich nach ...?	Hur kommer jag till ...? hü:r kommer ja: till ...?
Können Sie mir das auf der Karte zeigen?	Skulle du kunna visa mig det på kartan? skülle dü: künna wi:sa mej de: po: ka:rtan?
Wie viele Minuten ►	Hur många minuter tar det ► hü:r monga mi'nü:ter ta:r de: ►
► zu Fuß?	► till fots? till fots?
► mit dem Auto?	► med bil? med bi:l?
Wie weit ist es?	Hur långt är det? hü:r longt ä:r de:?
Ist das die Straße nach ...?	Är det här vägen till ...? ä:r de: hä:r wä:gen till ...?
Wie komme ich zur Autobahn nach ...?	Hur kommer jag till motorvägen till ...? hü:r kommer ja: till mu:tor-wä:gen till ...?

Info Entfernungen werden in Schweden oft in mil mi:l (Meilen) angegeben. Eine schwedische Meile beträgt 10 Kilometer.

Das könnten Sie hören:

Jag är ledsen, det vet jag inte.
ja: ä:r lessen, de: we:t ja: inte.
Tut mir leid, das weiß ich nicht.

Den första gatan till vänster.
denn förschta ga:tan till wänster.
Die erste Straße links.

Den andra gatan till höger.
denn andra ga:tan till hö:ger.
Die zweite Straße rechts.

Vid nästa trafikljus ...
wi:d nästa tra'fi:k-jü:s ...
An der nächsten Ampel ...

Vid nästa korsning ...
wi:d nästa korschning ...
An der nächsten Kreuzung ...

Orts- und Richtungsangaben

bakom	hinter
bredvid	neben
där	dort
där bakom	dort hinten
framför	vor

ganska långt	ziemlich weit
gata, -n	Straße (verkehrsreich)
här	hier
häråt	hier entlang
(till) höger	(nach) rechts
inte långt	nicht weit
korsning, -en	Kreuzung
kurva, -en	Kurve
mittemot	gegenüber
nära till	nahe bei
nedför trappan	die Treppe hinunter
rakt fram	geradeaus
tillbaka	zurück
trafikljus, -et	Ampel
uppför trappan	die Treppe hinauf
(till) vänster	(nach) links

Flugzeug

Können Sie mir am Check-in-Automaten helfen?

Kan du hjälpa mig med incheckningsautomaten?
kann dü: jälpa mej me: inn-checknings-auto'ma:ten?

Wie viel kostet ein Flug nach …?

Hur mycket kostar en flygbiljett till …? hü:r mycke kostar enn fly:g-bill'jett till …?

Bitte ein Flugticket ►	En flygbiljett ►, tack. enn fly:g-bill'jett ►, tack.
► einfach.	► enkel enkel
► hin und zurück.	► tur och retur tü:r o: re'tü:r
Ich hätte gern einen ►	Jag skulle gärna vilja ha en ► ja: skülle jä:rna wilja ha: enn ►
► Fensterplatz.	► fönsterplats. fönster-plats.
► Platz am Gang.	► plats vid gången. plats wi:d gongen.
Kann ich das als Handgepäck mitnehmen?	Kan jag ta med det här som handbagage? kann ja: ta: me: de: hä:r som hand-ba'ga:sch?
Ich möchte meinen Flug ►	Jag skulle vilja ► min flygresa. ja: skülle wilja ► minn fly:g-re:sa.
► rückbestätigen lassen.	► bekräfta be'kräfta
► stornieren.	► avboka a:w-bu:ka
► umbuchen.	► boka om bu:ka 'omm
Mein Gepäck ist (noch) nicht angekommen.	Mitt bagage har inte kommit (än). mitt ba'ga:sch ha:r inte kommit (änn).
Wo ist mein Gepäck?	Var är mitt bagage? wa:r ä:r mitt ba'ga:sch?

Mein Koffer ist beschädigt worden.	**Min resväska har blivit skadad.** minn re:s-wäska ha:r bli:wit ska:dad.
An wen kann ich mich wenden?	**Vem kan jag vända mig till?** wemm kann ja: wända mej till?

Weitere Wörter

Abflug	**avgång, -en** a:w-gong
Ankunft	**ankomst, -en** ann-kommst
Anschlussflug	**anslutningsflyg, -et** ann-slü:tnings-fly:g
aufgeben (Flugzeug)	**checka in** checka inn
Ausgang	**utgång, -en** ü:t-gong
Bordkarte	**boardingcard, -et** bo:rding-ka:rd
elektronisches Ticket	**e-biljett, -en** e:-bill'jett
Flughafen	**flygplats, -en** fly:g-plats
Flughafenbus	**flygbuss, -en** fly:g-büss
Flughafengebühr	**flygplatsskatt, -en** fly:g-plats-skatt
Flugzeug	**flygplan, -et** fly:g-pla:n
Gepäck	**bagage, -t** ba'ga:sch
Gepäckannahme	**resgodsinlämning, -en** re:s-guds-in'lämning
Gepäckausgabe	**bagageutlämning, -en** ba'gasch-ü:t-'lämning

Gepäckschein	bagagekvitto, -t ba'gasch-kwitto
Handgepäck	handbagage, -t hand-ba'ga:sch
Kindersicherheits-gurt	barnbälte, -t ba:rn-bälte
Koffer	resväska, -n re:s-wäska
Koffergurt	bagagerem, -men ba'ga:sch-remm
Landung	landning, -en landning
mobile Bordkarte	mobilt boardingcard mobi:lt bo:rding-ka:rd
Ortszeit	lokal tid, -en lu'ka:l ti:d
Pilot	pilot, -en pi'lu:t
Reisetasche	resväska, -n re:s-wäska
Rollkoffer	rullväska, -n rü:ll-wäska
Rückflug	returflyg, -et re'tü:r-fly:g
Rucksack	ryggsäck, -en rygg-säck
Schalter	disk, -en disk
Spucktüte	spypåse, -en spy:-po:se
Tasche	väska, -n wäska
Ticket	biljett, -en bill'jett
Übergepäck	övervikt, -en ö:wer-wickt
Verspätung	försening, -en för-'sche:ning
Zwischenlandung	mellanlandning, -en mellan-landning

Auto, Motorrad

Vermietung

Ich möchte ► mieten.	**Jag skulle vilja hyra ►** ja: skülle wilja hy:ra ►
► ein Auto (mit Automatik)	**► en bil (med automatväxel).** enn bi:l (me: auto'ma:t-wäxel).
► ein Elektroauto	**► en elbil** enn el'bi:l
► einen Geländewagen	**► en jeep.** enn ji:p.
► ein Motorrad	**► en motorcykel.** enn mu:tor-syckel.
► ein Wohnmobil	**► en husbil.** enn hü:s-bi:l.
Ich möchte es für ► mieten.	**Jag skulle vilja hyra den för ►** ja: skülle wilja hy:ra denn fö:r ►
► morgen	**► i morgon.** i morron.
► einen Tag	**► en dag.** enn da:g.
► zwei Tage	**► två dagar.** two: da:gar.
► eine Woche	**► en vecka.** enn wecka.
Ich hätte gern einen Wagen mit Navi.	**Jag skulle vilja ha en bil med navigator.** ja: skülle wilja ha: enn bi:l me:d naviga:tor.
Wie viel kostet das?	**Hur mycket kostar det?** hü:r mycke kostar de:?

Wie viele Kilometer sind im Preis enthalten?	Hur många kilometer är inkluderade i priset? hü:r monga chi:lo'me:ter ä:r inklü'de:rade i pri:set?
Was muss ich tanken?	Vad måste jag tanka? wa:d moste ja: tanka?
Ist eine Vollkasko-versicherung eingeschlossen?	Ingår helförsäkring? inngo:r he:l-för'schä:kring?
Kann ich das Auto auch in ... abgeben?	Kan jag lämna tillbaka bilen i ... också? kann ja: lämna tillba:ka bi:len i ... ockso:?
Bis wann muss ich zurück sein?	När måste jag vara tillbaka? nä:r moste ja: wa:ra tillba:ka?
Haben Sie einen Kinderautositz?	Har du en bilbarnstol? ha:r dü: enn bi:l-ba:rn'stu:l?
Bitte geben Sie mir einen Sturzhelm.	Ge mig en hjälm, tack. je: mej enn jälm, tack.

Tankstelle

Wo ist die nächste Tankstelle/E-Lade-säule?	**Var ligger närmaste bensinmack/ e-laddningsstation?** wa:r ligger närmaste ben'si:n-mack/ e:laddningssta'schu:n ?
Wie weit ist es zur nächsten Tankstelle?	**Hur långt är det till närmäste bensinmack?** hü:r longt ä:r de: till närmaste ben'si:n-mack?
Bitte volltanken.	**Full tank, tack.** füll tank, tack.
Bitte für ... Kronen ▸	**För ... kronor ▸, tack.** för ... kro:nor ▸, tack.
▸ Super bleifrei.	▸ **95 blyfri** nitti-fem bly:-fri:
▸ Super Plus bleifrei.	▸ **98 blyfri** nitti-otta bly:fri:
▸ Diesel.	▸ **diesel** di:sel
▸ Zweitaktmischung.	▸ **tvåtaktsbensin** two:takts-ben'si:n
Ich möchte ▸ Öl.	**Jag skulle vilja ha ▸ olja.** ja: skülle wilja ha: ▸ olja.
▸ 1 Liter	▸ **en liter** enn li:ter
▸ 2 Liter	▸ **två liter** two: li:ter

Unfall

Rufen Sie bitte schnell ►	**Var snäll och ring ►** wa:r snäll o: ring ►
► einen Krankenwagen!	**► en ambulans!** enn ambü'lans!
► die Polizei!	**► polisen!** po'li:sen!
► die Feuerwehr!	**► brandkåren!** brand-ko:ren!
Es ist ein Unfall passiert!	**Det har hänt en olycka!** de: ha:r hännt enn u:lycka!
... Personen sind (schwer) verletzt.	**... personer är (allvarligt) skadade.** ... per'schuner ä:r (all-wa:rlit) ska:dade.
Bitte helfen Sie mir.	**Var snäll och hjälp mig.** wa:r snäll o: jälp mej.
Ich brauche Verbandszeug.	**Jag behöver förbandsartiklar.** ja: be'hö:wer för'bands-ar'tiklar.
Es ist nicht meine Schuld.	**Det var inte mitt fel.** de: wa:r inte mitt fe:l.
Ich möchte, dass wir die Polizei holen.	**Jag vill gärna att vi hämtar polisen.** ja: will jä:rna att wi: hämmtar po'li:sen.
Ich hatte Vorfahrt.	**Jag hade förkörsrätt.** ja: hade fö:r-chörs-rätt.

Sie sind zu dicht aufgefahren.	Du körde alldeles för nära. dü: chörde alldeles fö:r nä:ra.
Sie sind zu schnell gefahren.	Du körde alldeles för fort. dü: chörde alldeles fö:r fu:rt.
Bitte geben Sie mir Ihre Versicherung und Ihre Versicherungsnummer.	Var snäll och ge mig dina försäkringspapper. wa:r snäll o: je: mej di:na för'schä:krings-papper.
Bitte geben Sie mir Ihren Namen und Ihre Adresse.	Var snäll och ge mig ditt namn och din adress. wa:r snäll o: je: mej ditt namn o: dinn a'dress.

Panne

Ich habe kein Benzin mehr.	Bensinen är slut. ben'si:nen ä:r slü:t.
Ich habe eine ►	Jag har ► ja: ha:r ►
► Reifenpanne.	► punktering. pünk'te:ring.
► Motorpanne.	► ett motorfel. ett mu:tor-fe:l.
Können Sie mir Starthilfe geben?	Skulle du kunna hjälpa mig att starta? skülle dü: künna jälpa mej att sta:rta?
Können Sie ►	Skulle du kunna ► skülle dü: künna ►

▸ mich ein Stück mitnehmen?	▸ låta mig åka med en bit? lo:ta mej o:ka me: enn bi:t?
▸ meinen Wagen abschleppen?	▸ bogsera bort min bil? bug'se:ra bo:rt minn bi:l?
▸ mir einen Abschleppwagen schicken?	▸ skicka efter en bärgningsbil? schicka efter enn bärjnings-bi:l?
Können Sie mir bitte ... leihen?	Kan du låna mig ...? kann dü: lo:na mej ...?

Werkstatt

Wo ist die nächste Werkstatt?	Var ligger närmaste verkstad? wa:r ligger närmaste werk-sta:d?
Mein Wagen steht (an der Straße nach) ...	Min bil står (vid vägen till) ... minn bi:l sto:r (wi:d wä:gen till) ...
Können Sie ihn abschleppen?	Kan du bogsera bort den? kann dü: bug'se:ra bo:rt denn?
Können Sie mal nachsehen?	Skulle du kunna titta efter? skülle dü: künna titta efter?
... funktioniert nicht.	... fungerar inte. ... fün'ge:rar inte.

Mein Auto springt nicht an.	**Min bil startar inte.** minn bi:l sta:rtar inte.
Die Batterie ist leer.	**Batteriet är slut.** batte'ri:et ä:r slü:t.
Der Motor klingt merkwürdig.	**Motorn låter konstigt.** mu:torn lo:ter konstit.
Der Motor zieht nicht.	**Motorn spinner inte.** mu:torn spinner inte.
Kann ich mit dem Auto noch fahren?	**Kan jag fortfarande köra med bilen?** kann ja: fu:rt-fa:rande chöra me: bi:len?
Machen Sie bitte nur die nötigsten Reparaturen.	**Gör bara de nödvändigaste reparationerna, tack.** jö:r ba:ra domm nö:d-wändigaste repara'schu:nerna, tack.
Wie viel wird die Reparatur ungefähr kosten?	**Ungefär hur mycket kommer reparationen att kosta?** ünjefä:r hü:r mycke kommer repara'schu:nen att kosta?
Wann ist es fertig?	**När är den färdig?** nä:r ä:r denn fä:rdi?

Weitere Wörter

Abschleppseil .... bogserlina, -n bug'se:r-li:na
Abschleppwagen .... bärgningsbil, -en bärjnings-bi:l
Achse .... axel, -n aksel
Anlasser .... startmotor, -n start-mu:tor
Auffahrunfall .... påkörningsolycka, -n po:-chörnings-u:lycka
Auspuff .... avgasrör, -et a:w-ga:s-rör
auswechseln .... byta ut by:ta ü:t
Auto .... bil, -en bi:l
Autobahn .... motorväg, -en mu:tor-wä:g
Autobahnauffahrt .... motorvägspåfart, -en mu:tor-wä:gs-po:-fa:rt
Autoschlüssel .... bilnyckel, -n bi:l-nyckel
Batterie .... batteri, -et batteri:
Benzinkanister .... bensindunk, -en ben'si:n-dünk
Blinklicht .... blinkljus, -et blink-jü:s
Bremse .... broms, -en broms
Bremsflüssigkeit .... bromsvätska, -n broms-wätska
Bremslicht .... bromsljus, -et broms-jü:s
Dichtung .... tätning, -en tä:tning
Draht .... tråd, -en tro:d
Ersatzreifen .... reservdäck, -et re'serw-däck
Ersatzteil .... reservdel, -en re'serw-de:l

fahren (ein Auto)	**köra** chöra
Feuerlöscher	**brandsläckare, -n** brand-släckare
Frostschutzmittel	**frostskyddsmedel, -medlet** frost-schydds-me:del
Führerschein	**körkort, -et** chör-kurt
Gang	**växel, -n** wäksel
Gangschaltung	**växellåda, -n** wäksel-lo:da
Gepäckträger	**takräcke, -t** ta:k-räcke
Getriebe	**växellåda, -n** wäksel-lo:da
Glühbirne	**glödlampa, -n** glö:d-lampa
grüne Versicherungskarte	**grönt försäkringskort** grö:nt för'schä:krings-kurt
Handbremse	**handbroms, -en** hand-broms
Heizung	**värme, -n** wärme
Helm	**hjälm, -en** jälm
Hupe	**tuta, -n** tü:ta
Kabel	**kabel, -n** ka:bel
Kanister	**dunk, -en** dunk
kaputt	**trasig** tra:si
Keilriemen	**fläktrem, -men** fläckt-remm
Kfz-Schein	**registreringshandlingar** rejis'tre:rings-handlingar
Kilometer	**kilometer, -n** chi:lo'me:ter
Kindersitz	**bilbarnstol, -en** bi:l-ba:rn'stu:l
Klimaanlage	**luftkonditionering, -en** lüft-kondischu'ne:ring

Kotflügel	stänkskärm, -en stänk-schärm
Kreuzschlüssel	fälgkors, -et fälj-korsch
Kühler	kylare, -n chy:lare
Kühlwasser	kylvatten, -vattnet chy:l-watten
Kupplung	koppling, -en koppling
Kurve	kurva, -n kürwa
Lack	addningssladd, -en lack
Ladekabel	lack, -en laddnings-sladd
Landstraße	landsväg, -en lands-wä:g
Leerlauf	tomgång, -en tu:m-gong
Lenkung	styrning, -en sty:rning
Licht	ljus, -et jü:s
Lichtmaschine	generator, -n jene'ra:tor
Luftfilter	luftfilter, -filtret lüft-filter
Maut(stelle)	vägtull, -en wä:g-tüll
Motor	motor, -n mu:tor
Motorhaube	motorhuv, -en mu:tor-hü:w
Motoröl	motorolja, -n mu:tor-olja
Motorrad	motorcykel, -n mu:tor-syckel
Navigationssystem	navigationssystem, -et naviga'schu:ns-syste:m
Ölwechsel	oljebyte, -t olje-by:te
parken	parkera par'ke:ra
Parkhaus	parkeringshus, -et par'ke:rings-hü:s

Parkplatz	**parkeringsplats, -en** par'ke:rings-plats
Parkscheibe	**p-skiva, -n** pe:-schi:wa
Parkuhr	**parkeringsmätare, -n** par'ke:rings-mä:tare
Parkverbot	**parkeringsförbud, -et** par'ke:rings-för'bü:d
Rad	**hjul, -et** jü:l
Raststätte	**rastplats, -en** rastplats
Reifen	**däck, -et** däck
Reifendruck	**lufttryck i däcket** lüft-tryck i: däcket
Reparatur	**reparation, -en** repara'schu:n
reparieren	**reparera** repa're:ra
Reservekanister	**reservdunk, -en** re'serw-dünk
Reservereifen	**reservdäck, -et** re'serw-däck
Rücklicht	**bakljus, -et** ba:k-jü:s
Rückspiegel	**backspegel, -n** back-spe:gel
Schalter	**knapp, -en** knapp
Scheibenwischer	**vindrutetorkare, -n** wind-rü:te-torkare
Scheibenwischerblätter	**torkarblad** torkar-bla:d

Scheinwerfer	**strålkastare, -n** stro:l-kastare
Schiebedach	**taklucka, -n** ta:k-lücka
Schmirgelpapier	**sandpapper, -pappret** sand-papper
Schneeketten	**snökedjor** snö:-che:djur
Schraube	**skruv, -en** skrü:w
Schraubenschlüssel	**skruvnyckel, -n** skrü:w-nyckel
Schraubenzieher	**skruvmejsel, -n** skrü:w-meisel
Sicherheitsgurt	**säkerhetsbälte, -t** sä:kerhe:ts-bälte
Sicherung	**säkring, -en** sä:kring
Spiegel	**spegel, -n** spe:gel
Starter	**startmotor, -n** start-mu:tor
Starthilfekabel	**startkabel, -n** start-ka:bel
Stoßdämpfer	**stötdämpare, -n** stö:t-dämpare
Stoßstange	**stötfångare, -n** stö:t-fongare
Tachometer	**hastighetsmätare, -n** hasti'hets-mä:tare
Tankstelle	**bensinmack, -en** ben'si:n-mack
Trichter	**tratt, -en** tratt
Unfall	**olycka, -n** u:lycka

Unfallprotokoll	olycksrapport, -en u:lycks-ra'pport
Ventil	ventil, -en wen'ti:l
Verbandskasten	förbandslåda, -n för'bands-lo:da
Vergaser	förgasare, -n för'ga:sare
Vorfahrt	förkörsrätt, -en fö:r-chörs-rätt
Wagenheber	domkraft, -en du:m-kraft
Warndreieck	varningstriangel, -n wa:rnings-tri'angel
Werkstatt	verkstad, -en werk-sta:d
Werkzeug	verktyg, -et werk-ty:g
Wohnmobil	husbil, -en hü:s-bi:l
Zange	tång, -en tong
Zeuge, Zeugin	vittne, -t wittne
Zündkabel	tändkabel, -n tänd-ka:bel
Zündkerze	tändstift, -et tänd-stift
Zündung	tändning, -en tändning
Zusammenstoß	krock, -en krock

Zug

Auskunft und Fahrkarten

Wo finde ich die ►	Var är ► wa:r ä:r ►
► Gepäckaufbewahrung?	► resgodsförvaringen? re:s-guds-för'wa:ringen?
► Schließfächer?	► förvaringsboxarna? för'wa:rings-boksarna?
Wann fährt ein Zug nach ...?	När avgår ett tåg till ...? nä:r a:w-go:r ett to:g till ...?
Wann fährt der nächste Zug nach ...?	När avgår nästa tåg till ...? nä:r a:w-go:r nästa to:g till ...?
Wann ist er in ...?	När är tåget i ...? nä:r ä:r to:get i ...?

Info Schwedische Züge haben sowohl in der 1. als auch in der 2. Klasse behindertengerechte Sitzplätze. Speisen und Getränke sind an Bord im bistro erhältlich. Es gibt Ruheabteile (tyst avdelning tyst a:w-de:lning) und in manchen Zügen Familienwagen (familjevagn fa'mi:lje-wagn) mit einer Spielecke für Kinder.

Muss ich umsteigen?	**Måste jag byta tåg?** moste ja: by:ta to:g?
Von welchem Gleis fährt der Zug nach ...?	**Från vilket spår går tåget till ...?** fro:n wilket spo:r go:r to:get till ...?
Was kostet eine Fahrkarte nach ...?	**Hur mycket kostar en biljett till ...?** hü:r mycke kostar enn bill'jett till ...?
Gibt es eine Ermäßigung für ►	**Har ni rabatt för ►** ha:r ni: ra'batt för ►
► Familien?	► **familjer?** fa'mi:ljer?
► Gruppen?	► **grupper?** grüpper?
► Senioren?	► **seniorer?** sen'ju:rer?
► Studenten?	► **studenter?** stü'denter?
Bis zu welchem Alter fahren Kinder umsonst?	**Upp till vilken ålder åker barn gratis?** üpp till wilken older o:ker ba:rn gra:tis?
Ist dieser Zug zuschlagpflichtig?	**Behöver jag en tilläggsbiljett för det här tåget?** be'hö:wer ja: enn till-läggs-bill'jett för de: hä:r to:get?
Bitte zwei Karten nach ...	**Två biljetter till ..., tack.** two: bill'jetter till ..., tack.

Bitte eine Karte ►	**En biljett ►, tack.** enn bill'jett ►, tack.
► einfach.	► **enkel** enkel
► hin und zurück.	► **tur och retur** tü:r o: re'tü:r
► erster Klasse.	► **i första klass** i förschta klass
► zweiter Klasse.	► **i andra klass** i andra klass
► für Kinder.	► **för barn** fö:r ba:rn
Bitte eine Platzkarte für den Zug um ... Uhr nach ...	**En biljett med platsreservering för tåget klockan ... till ..., tack.** enn bill'jett me: plats-reser'we:ring fö:r to:get klockan ... till ..., tack.
Ich hätte gerne einen Platz ►	**Jag skulle gärna vilja ha en plats ►** ja: skülle jä:rna wilja ha: enn plats ►
► am Fenster.	► **vid fönstret.** wi:d fönstret.
► am Gang.	► **vid gången.** wi:d gongen.

Im Zug

Ist dies der Zug nach ...?	**Är det här tåget till ...?** ä:r de: hä:r to:get till ...?
Könnten Sie mir bitte beim ► helfen?	**Skulle du kunna hjälpa mig att ►** skülle dü: künna jälpa mej att ►
► Einsteigen	► **stiga på?** sti:ga po:?
► Aussteigen	► **stiga av?** sti:ga a:w?

Ist dieser Platz frei?	Är den här platsen ledig? ä:r denn hä:r platsen le:dig?
Entschuldigen Sie, das ist mein Platz.	Ursäkta, men det här är min plats. ü:r'schäckta, menn de: hä:r ä:r minn plats.
Können Sie mir bitte helfen?	Kan du vara snäll och hjälpa mig? kann dü: wa:ra snäll o: jälpa mej?
Wie viele Stationen sind es noch bis ...?	Hur många stationer är det kvar till ...? hü:r monga sta'schu:ner ä:r de: kwa:r till ...?
Erreiche ich den Zug nach ... noch?	Hinner jag med tåget till ...? hinner ja: me: to:get till ...?

Weitere Wörter

Abfahrt	avgång, -en a:w-gong
Abteil	kupé, -n kü'pe:
ankommen	ankomma ann-komma
Ankunft	ankomst, -en ann-kommst
Anschluss	anslutning, -en ann-slü:tning
Ausgang	utgång, -en ü:t-gong
aussteigen	stiga av sti:ga a:w
Bahnhof	järnvägsstation, -en jä:rn-wä:gs-sta'schu:n

Bahnsteig	plattform, -en plattform
besetzt	upptaget üpp-ta:get
einsteigen	stiga på sti:ga po:
Fahrplan	tidtabell, -en ti:d-ta'bell
Fahrpreis	biljettpris, -et bill'jett-pri:s
Fensterplatz	fönsterplats, -en fönster-plats
Gepäckwagen	bagagekärra, -n ba'ga:sch-chärra
Gleis	spår, -et spo:r
Klasse	klass, -en klass
Liegewagen	liggvagn, -en ligg-wagn
Maskenpflicht	maskplikt, -en maskpli:kt
Platz	plats, -en plats
reserviert	reserverad reser'we:rad
Schaffner, Schaffnerin	konduktör, -en kondük'tö:r
Schlafwagen	sovvagn, -en so:w-wagn
Schließfächer	förvaringsboxar för'wa:rings-boksar
Speisewagen	restaurangvagn, -en restau'rang-wagn
umsteigen	byta tåg by:ta to:g
Waggon	vagn, -en wagn
Zuschlag	tillägg, -et till-lägg

Fernbus

Wie komme ich zum Busbahnhof?	**Hur kommer jag till busstationen?** hü:r kommer ja: till büss-sta'schu:nen?
Wann fährt der nächste Bus nach ...?	**När avgår nästa buss till ...?** nä:r a:w-go:r nästa büss till ...?
Bitte eine Karte nach ...	**En biljett till ..., tack.** enn bill'jett till ..., tack.
Bitte zwei Karten nach ...	**Två biljetter till ..., tack.** two: bill'jetter till ..., tack.
Ist dies der Bus nach ...?	**Är det här bussen till ...?** ä:r de: hä:r büssen till ...?
Wie lange haben wir Aufenthalt?	**Hur länge stannar bussen?** hü:r länge stannar büssen?
Wie lange dauert die Fahrt?	**Hur lång tid tar färden?** hü:r long ti:d ta:r färden?
Ist ... die End-haltestelle?	**Är ... slutstationen?** ä:r ... slü:t-sta'schu:nen?
Sagen Sie mir bitte, wo ich aussteigen muss?	**Kan du vara snäll och säga till när jag måste stiga av?** kann dü: wa:ra snäll o: säija till nä:r ja: moste sti:ga a:w?

Schiff & Fähre

Wann geht das nächste Schiff nach …?	**När avgår nästa båt till …?** nä:r a:w-go:r nästa bo:t till …?
Wann geht die nächste Fähre nach …?	**När avgår nästa färja till …?** nä:r a:w-go:r nästa färja till …?
Wie lange dauert die Überfahrt nach …?	**Hur länge tar överfarten till …?** hü:r länge ta:r ö:wer-fa:rten till …?
Wann legen wir in … an?	**När lägger vi till i …?** nä:r lägger wi: till i …?
Wann müssen wir an Bord sein?	**När måste vi vara ombord?** nä:r moste wi: wa:ra om'bur:d?
Ich möchte mein Auto mitnehmen.	**Jag vill ta med min bil.** ja: will ta: me: minn bi:l.
Bitte eine Schiffskarte erster Klasse nach …	**En båtbiljett i första klass till …, tack.** enn bo:t-bill'jett i förschta klass till …, tack.
Bitte eine Schiffskarte Touristenklasse nach …	**En båtbiljett i turistklass till …, tack.** enn bo:t-bill'jett i tü'rist-klass till …, tack.

Ich möchte ►	**Jag skulle vilja ha ►** ja: skülle wilja ha: ►
► eine Einzelkabine.	**► en enmanshytt.** enn e:nmanns-hytt.
► eine Zweibett-kabine.	**► en tvåbäddshytt.** enn two:bädds-hytt.
► eine Außenkabine.	**► en ytterhytt.** enn ytter'hytt.
► eine Innenkabine.	**► en innerhytt.** enn inner'hytt.
Eine Karte für die Rundfahrt um ... Uhr bitte.	**En biljett till rundturen klockan ..., tack.** enn bill'jett till rund-tü:ren klockan ..., tack.
An welcher Anlegestelle liegt die ...?	**Vid vilken kajplats ligger ...?** wi:d wilken kaiplats ligger ...?
Ich suche die Kabine Nummer ...	**Jag letar efter hytt nummer ...** ja:g le:tar efter hytt nümmer ...
Haben Sie ein Mittel gegen Seekrankheit?	**Har du något mot sjösjuka?** ha:r dü: no:got mu:t schö:-schü:ka?

Weitere Wörter

Anlegestelle	kajplats, -en kaiplats
Autofähre	bilfärja, -n bi:l-färja
Deck	däck, -et däck
Kapitän	kapten, -en kap'te:n
Kreuzfahrt	kryssning, -en kryssning
Küste	kust, -en küst
Liegestuhl	vilstol, -en wi:l-sto:l
Luftkissenboot	svävare, -n swä:ware
Rettungsboot	livbåt, -en li:w-bo:t
Rettungsring	livboj, -en li:w-boj
Rundfahrt	rundtur, -en ründ-tü:r
Schiff	skepp, -et schepp
Schiffsagentur	skeppsförmedling, -en schepps-för'me:dling
Schiffsarzt, -ärztin	skeppsläkare, -n schepps-'lä:kare
Schwimmweste	flytväst, -en fly:t-wäst
Seegang	sjögång, -en schö:-gong
seekrank	sjösjuk schö:-schü:k
Sonnendeck	soldäck, -et su:l-däck
Speisesaal	matsal, -en ma:t-sa:l
Steward	steward, -en stjuard
Stewardess	stewardess, -en stjuardes
Überfahrt	överfart, -en ö:werfa:rt
Vierbettkabine	fyrbäddshytt, -en fy:rbädds-hytt

Nahverkehr

Wo ist ►	Var ligger ► wa:r ligger ►
► die nächste U-Bahn-Station?	► **närmaste tunnelbanestation?** närmaste tünnel-ba:ne-sta'schu:n?
► die nächste Bushaltestelle?	► **närmaste busshållplats?** närmaste büss-holl-plats?
► die nächste Straßenbahn-haltestelle?	► **närmaste spårvagnshållplats?** närmaste spo:r-wagns-holl-plats?
Wo hält der Bus nach ...?	**Var någonstans stannar bussen till ...?** wa:r no:gon-stans stannar büssen till ...?
Welcher Bus fährt nach ...?	**Vilken buss åker till ...?** wilken büss o:ker till ...?
Welche U-Bahn fährt nach ...?	**Vilken tunnelbana åker till ...?** wilken tünnel-ba:na o:ker till ...?
Wann fährt der nächste Bus nach ...?	**När går nästa buss till ...?** nä:r go:r nästa büss till ...?
Wann fährt die nächste Straßenbahn nach ...?	**När går nästa spårvagn till ...?** nä:r go:r nästa spo:r-wagn till ...?

Wann fährt der letzte Bus?	**När går sista bussen?** nä:r go:r sista büssen?
Fährt dieser Bus nach ...?	**Går den här bussen till ...?** go:r denn hä:r büssen till ...?
Gibt es Niederflurbusse?	**Finns det låggolvsbussar?** finns det lo:g-golws-büssar?
Muss ich nach ... umsteigen?	**Måste jag byta efter ...?** moste ja: by:ta efter ...?
Sagen Sie mir bitte, wo ich aussteigen muss?	**Kan du säga till var jag måste stiga av, är du snäll?** kann dü: säija till wa:r ja: moste sti:ga a:w, ä:r dü: snäll?
Wo gibt es die Fahrscheine?	**Var kan jag köpa biljetter?** wa:r kann ja: chö:pa bill'jetter?
Bitte einen Fahrschein nach ...	**En biljett till ..., tack.** enn bill'jett till ..., tack.
Gibt es ►	**Finns det ►** finns de: ►
► Tageskarten?	► **endagsbiljetter?** e:n-da:gs-bill'jetter?
► Mehrfahrtenkarten?	► **rabattkort?** ra'batt-kurt?
► Wochenkarten?	► **veckokort?** wecko-kurt?

Weitere Wörter

Abfahrt	avgång, -en a:w-gong
Endstation	ändhållplats, -en änd-holl-plats
Fahrkartenautomat	biljettautomat, -en bill'jett-auto'ma:t
Fahrplan	tidtabell, -en ti:d-ta'bell
Fahrpreis	biljettpris, -et bill'jett-pri:s
Fahrstuhl	hiss, -en hiss
Haltestelle	hållplats, -en holl-plats
Richtung	håll, -et holl
Rolltreppe	rulltrappa, -n rüll-trappa
S-Bahn	pendeltåg, -et pendel-to:g
Taxistand	taxistation, -en taksi-sta'schu:n
umsteigen	byta by:ta

Taxi

Wo bekomme ich ein Taxi?

Var kan jag få tag på en taxi?
wa:r kann ja: fo: ta:g po: enn taksi?

Bitte bestellen Sie mir für (morgen um) ... Uhr ein Taxi.

Kan du beställa en taxi åt mig till (i morgon) klockan ..., är du snäll?
kann dü: be'ställa enn taksi o:t mej till (i morron) klockan ..., ä:r dü: snäll?

Sind Sie frei?	Är du ledig? ä:r dü: le:dig?
Bitte ►	►, tack! ►, tack!
► zum Bahnhof!	► Till stationen till sta'schu:nen
► zum Flughafen!	► Till flygplatsen till fly:g-platsen
► zum Hotel ...!	► Till hotell ... till ho'tell ...
► in die Innenstadt!	► Till centrum till sentrüm
► in die ... Straße!	► Till ... gatan till ... ga:tan
► zu einem guten Club!	► Till en bra nattklubb till enn bra: natt-klübb
Wie viel kostet es nach ...?	Hur mycket kostar det till ...? hü:r mycke kostar de: till ...?
Man hat mir (im Hotel) gesagt, dass es nur ... kostet.	De sa till mig (på hotellet) att det kostar bara .... domm sa: till mej (po: ho'tellet) att de: kostar ba:ra ...
Bitte schalten Sie den Taxameter ein.	Var snäll och sätt på taxametern. wa:r snäll o: sätt po: taksa'me:tern.
Halten Sie hier bitte (einen Augenblick)!	Stanna här (ett ögonblick), är du snäll! stanna hä:r (ett ö:gon-'blick), ä:r dü: snäll!
Das Wechselgeld ist für Sie!	Det är jämt så! de: ä:r jämmt so:!

Übernachten

Zimmersuche

Wissen Sie, wo ich hier ein Zimmer finden kann?	**Vet du var jag kan få tag på ett rum här?** we:t dü: wa:r ja: kann fo: ta:g po: ett rümm hä:r?
Können Sie mir ► empfehlen?	**Kan du rekommendera mig ►** kann dü: rekommen'de:ra mej ►
► ein gutes Hotel	► **ett bra hotell?** ett bra: ho'tell?
► ein (preiswertes) Hotel	► **ett (prisvärt) hotell?** ett (pri:swärt) ho'tell?
► eine Pension	► **ett pensionat?** ett panschu'na:t?
► eine Privatunterkunft	► **ett uthyrningsrum?** ett ü:t-hy:rnings-rümm?
Wie viel kostet es (ungefähr)?	**Hur mycket kostar det (ungefär)?** hü:r mycke kostar de: (ünjefä:r)?
Können Sie für mich dort reservieren?	**Kan du boka in mig där?** kann dü: bu:ka 'inn mej dä:r?
Gibt es hier ►	**Finns det ► här?** finns de: ► hä:r?
► eine Jugendherberge?	► **något vandrarhem** no:got wandrar-hemm
► einen Campingplatz?	► **någon campingplats** no:gon kamping-plats

Info Schwedische Hotels (hotell ho'tell) bieten guten Service und Unterkunft mit hohem Standard. Oft sind sie modern und in schwedischem Design eingerichtet. Bis auf wenige Ausnahmen stellen alle Hotels kostenloses WLAN (WI-FI) zur Verfügung. Falls Sie getrennte Betten haben wollen, fragen Sie nach separata sängar separa:ta sängar. Alternativ können Sie auch in Ferienwohnungen (semesterlägenhet se'mester-lä:genhe:t) oder Privat-unterkünften (uthyrningsrum ü:t-hy:rnings-rümm) unter-kommen.

Ist es weit von hier?	Är det långt härifrån? ä:r de: longt hä:ri'fro:n?
Wie komme ich dorthin?	Hur hittar jag dit? hü:r hittar ja: di:t?

Hotel

Ankunft

Ich habe ein Zimmer reserviert auf den Namen ...	Jag har bokat ett rum på namnet ... ja: ha:r bu:kat ett rümm po: namnet ...
Haben Sie ein Einzelzimmer frei?	Har ni ett ledigt enkelrum? ha:r ni: ett le:dit enkel-rümm?

Haben Sie ein Doppelzimmer frei ►	**Har ni ett ledigt dubbelrum ►** ha:r ni: ett le:dit dübbel-rümm ►
► für eine Nacht?	► **för en natt?** för enn natt?
► für ... Nächte?	► **för ... nätter?** för ... nätter?
► mit Bad?	► **med bad?** me: ba:d?
► mit Dusche?	► **med dusch?** me: düsch?
► mit Balkon?	► **med balkong?** me: bal'kong?
► mit Klimaanlage?	► **med luftkonditionering?** me: lüft-kondischu'ne:ring?
► mit Blick aufs Meer?	► **med havsutsikt?** me: haffs-ü:t'sickt?
► nach hinten hinaus?	► **mot gården?** mu:t go:rden?

Das könnten Sie hören:
Vi är tyvärr fullbokade.
wi: ä:r ty'värr füll-bu:kade.
Wir sind leider ausgebucht.

Wie viel kostet es ►	**Hur mycket kostar det ►** hü:r mycke kostar de: ►
► mit Frühstück?	► **med frukost?** me: frü-kost?
► ohne Frühstück?	► **utan frukost?** ü:tan frü-kost?
► mit Halbpension?	► **med halvpension?** me: halw-pan'schu:n?
► mit Vollpension?	► **med helpension?** me: he:l-pan'schu:n?
Gibt es für ... Nächte eine Ermäßigung?	**Får man rabatt för ... nätter?** fo:r mann ra'batt fö:r ... nätter?

Gibt es WLAN auf den Zimmern?	Finns det WI-FI på rummen? finns de: wai-fai po: rümmen?
Brauche ich ein Passwort?	Behöver jag ett lösenord? be'hö:wer ja: ett lö:sen-urd?
Kann ich mir das Zimmer ansehen?	Kan jag få titta på rummet? kann ja: fo: titta po: rümmet?
Haben Sie noch ein anderes Zimmer?	Finns det ett annat rum? finns de: ett annat rümm?
Es ist sehr schön. Ich nehme es.	Det är fint. Det tar jag. de: ä:r fi:nt. de: ta:r ja:.
Gibt es einen Parkplatz mit E-Ladestation?	Finns det en parkeringsplats med e-laddstation? finns de: enn par'ke:rings-plats me: e:laddningssta'schu:n
Könnten Sie ein Kinderbett aufstellen?	Skulle du kunna ställa in en barnsäng? skülle dü: künna ställa inn enn ba:rn-säng?
Können Sie mein Gepäck aufs Zimmer bringen?	Kan du bära upp mitt bagage på rummet? kann dü: bä:ra üpp mitt ba'ga:sch po: rümmet?
Wo ist das Bad?	Var ligger badrummet? wa:r ligger ba:d-rümmet?

Wo kann ich meinen Wagen abstellen?	**Var kan jag parkera bilen?** wa:r kann ja: par'ke:ra bi:len?
Wann gibt es Frühstück?	**När serveras frukosten?** nä:r ser'we:ras frü-kosten?
Wo ist der ▸	**Var ligger ▸** wa:r ligger ▸
▸ Speisesaal?	**▸ matsalen?** ma:t-sa:len?
▸ Frühstücksraum?	**▸ frukostmatsalen?** frü-kost-ma:t-sa:len?

Service

Bitte den Schlüssel für Zimmer ...	**Kan jag få nyckeln till rum ...** kann ja: fo: nyckeln till rümm ...
Kann ich Ihnen meine Wertsachen zur Aufbewahrung geben?	**Kan du låsa in mina värdesaker?** kann dü: lo:sa inn mi:na wä:rde-sa:ker?
Ich möchte meine Wertsachen abholen.	**Jag skulle vilja hämta mina värdesaker.** ja: skülle wilja hämmta mi:na wärde-sa:ker.
Kann ich bitte noch ▸ haben?	**Kan jag få ▸ till, tack?** kann ja: fo: ▸ till, tack?
▸ eine Decke	**▸ ett täcke** ett täcke
▸ ein Handtuch	**▸ en handduk** enn hand-dü:k

► ein paar Kleiderbügel	► **några klädhängare** no:gra klä:d-hängare
► ein Kopfkissen	► **en kudde** enn küdde
Meine Tür lässt sich nicht abschließen.	**Det går inte att låsa min dörr.** de: go:r inte att lo:sa minn dörr.
Das Fenster geht nicht ►	**Det går inte att ► fönstret.** de: go:r inte att ► fönstret.
► auf.	► **öppna** öppna
► zu.	► **stänga** stänga
Es kommt kein (warmes) Wasser.	**Det kommer inget (varmt) vatten.** de: kommer inget (warmt) watten.
Der Wasserhahn tropft.	**Kranen droppar.** kra:nen droppar.
Der Abfluss ist verstopft.	**Det är stopp i avloppet.** de: ä:r stopp i a:w-loppet.
Die Toilette ist verstopft.	**Det är stopp i toaletten** de: ä:r stopp i toa'letten.
... ist schmutzig.	**... är smutsig.** ... ä:r smütsi.
... funktioniert nicht.	**... fungerar inte.** ... fün'ge:rar inte.

Ich habe mich aus meinem Zimmer ausgesperrt.	Jag har låst mig ute från mitt rum. ja: ha:r lo:st mej ü:te fro:n mitt rümm.

Abreise

Wecken Sie mich bitte (morgen) um ... Uhr.	Var snäll och väck mig (i morgon) klockan ... wa:r snäll o: wäck mej (i morron) klockan ...
Wir reisen morgen ab.	Vi avreser i morgon. wi: a:w-re:ser i morron.
Machen Sie bitte die Rechnung fertig.	Kan du skriva ut räkningen, är du snäll? kann dü: skri:wa ü:t rä:kningen, ä:r dü: snäll?
Kann ich mit ► zahlen? ► EC-Karte ► Kreditkarte	Kan jag betala med ► kann ja: be'ta:la me: ► ► elektronkort? elek'tron-kurt? ► kreditkort? kre'di:t-kurt?
Es war sehr schön hier.	Det var mycket trevligt här. de: wa:r mycke tre:wlit hä:r.
Bis wann muss man auschecken?	Hur dags måste man checka ut? hü:r daks moste mann checka ü:t?

Kann ich später auschecken?	**Kan jag checka ut senare?** kann ja: checka ü:t se:nare?
Kann ich mein Gepäck noch bis ... Uhr hierlassen?	**Kan jag lämna mitt bagage här till klockan ...?** kann ja: lämna mitt ba'ga:sch hä:r till klockan ...?
Rufen Sie bitte ein Taxi.	**Kan du ringa efter en taxi, är du snäll?** kann dü: ringa efter enn taxi, ä:r dü: snäll?

Ferienwohnung

Wir haben die Wohnung ... gemietet.	**Vi har hyrt lägenhet ...** wi: ha:r hy:rt lä:genhe:t ...
Wo können wir das Auto abstellen?	**Var kan vi parkera bilen?** wa:r kann wi: par'ke:ra bi:len?
Wo ist der Sicherungskasten?	**Var är proppskåpet?** wa:r ä:r propp-sko:pet?
Wir brauchen noch ►	**Vi behöver ännu ►** wi: be'hö:wer ännü ►
► Bettwäsche.	► **sängkläder.** säng-klä:der.
► Geschirrtücher.	► **kökshanddukar.** chö:ks-hand-dü:kar.

Erklären Sie uns bitte, wie ► funktioniert?	Kan du förklara för oss hur ► fungerar, är du snäll? kann dü: för'kla:ra fö:r oss hü:r ► fün'ge:rar, ä:r dü: snäll?
► die Spülmaschine	► diskmaskinen disk-ma'schi:nen
► der Herd	► spisen spi:sen
► die Waschmaschine	► tvättmaskinen twätt-ma'schi:nen
Wohin kommt der Müll?	Var slänger man soporna? wa:r slä:nger mann su:purna?
Wo ist eine Bäckerei?	Var ligger ett bageri? wa:r ligger ett ba:geri:?
Wo ist hier ein Lebensmittel-geschäft?	Var finns det en livsmedelsaffär här? wa:r finns de: enn liws-me:dels-a'ffä:r hä:r?

Camping

Dürfen wir auf Ihrem Grundstück zelten?	Får vi tälta på din tomt? fo:r wi: tälta po: dinn tomt?
Haben Sie noch Platz für ...?	Finns det plats för ...? finns de: plats fö:r ...?

Wie hoch ist die Gebühr für ►	Hur mycket kostar det för ► hü:r mycke kostar de: fö:r ►
► zwei Erwachsene und ... Kinder?	► två vuxna och ... barn? two: wüxna o: ... ba:rn?
► einen Pkw mit Wohnwagen?	► en personbil med husvagn? enn per'schu:n-bi:l me: hü:s-wagn?
► ein Wohnmobil?	► en husbil? enn hü:s-bi:l?
► ein Zelt?	► ett tält? ett tält?
Vermieten Sie auch ►	Hyr ni även ut ► hy:r ni: ä:wen ü:t ►
► Bungalows?	► stugor? stü:gur?
► Wohnwagen?	► husvagnar? hü:s-wagnar?
Wir möchten einen Tag bleiben.	Vi skulle vilja stanna en dag. wi: skülle wilja stanna enn da:.
Wir möchten ... Tage bleiben.	Vi skulle vilja stanna ... dagar. wi: skülle wilja stanna ... da:gar.
Wo können wir unseren Wohnwagen aufstellen?	Var kan vi ställa vår husvagn? wa:r kann wi: ställa wo:r hü:s-wagn?
Wo können wir unser Zelt aufstellen?	Var kan vi sätta upp vårt tält? wa:r kann wi: sätta üpp wo:rt tält?

Wo sind die ►	Var är ► wa:r ä:r ►
► Waschräume?	► tvättrummen? twätt-rümmen?
► Toiletten?	► toaletterna? toa'letterna?
Wo kann ich das Chemieklo entsorgen?	Var kan jag tömma campingtoaletten? wa:r kann ja: tömma kamping-toa'letten?
Kann ich hier Gasflaschen ►	Kan jag ► gasolflaskor här? kann ja: ► ga'so:l-flaskur hä:r?
► kaufen?	► köpa chö:pa
► umtauschen?	► byta by:ta
Gibt es hier Stromanschluss?	Finns det något eluttag här? finns de: no:got e:l-ü:t-ta:g hä:r?

Weitere Wörter

Abfluss (im Bad)	avlopp, -et a:w-lopp
abreisen	avresa a:w-re:sa
Adapter	adapter, -n a'dappter
Anmeldung	anmälan, - ann-'mä:lan
Anzahlung	handpenning, -en hand-penning
Appartement	lägenhet, -en lä:genhe:t
Aschenbecher	askkopp, -en ask-kopp
Aufzug	hiss, -en hiss
Badewanne	badkar, -et ba:d-ka:r
Beanstandung	reklamation, -en reklama'schu:n
Besen	sopkvast, -en su:p-kwast
Bett	säng, -en säng
Bettdecke	täcke, -t täcke
Bettlaken	lakan, -et la:kan
Bettwäsche	sängkläder säng-klä:der
bügeln	stryka stry:ka
Camping	camping, -en kamping
Campingplatz	campingplats, -en kamping-plats
Decke	täcke, -t täcke
Doppelbett	dubbelsäng, -en dübbel-säng
Dusche	dusch, -en düsch
Einzelbett	enkelsäng, -en enkel-säng
Empfang	reception, -en resep'schu:n

Endreinigung	städning, -en stä:dning
Etage	våning, -en wo:ning
Fenster	fönster, fönstret fönster
Ferienhaus	semesterhus, -et se'mester-hü:s
Ferienwohnung	semesterlägenhet, -en se'mester-lä:genhe:t
Fernseher	teve, -n te:we:
Foyer	lobby, -n lobbi
Frühstücksbüfett	frukostbuffé, -n frü-kost-bü'ffe:
Frühstücksraum	frukostmatsal, -en frü-kost-ma:t-sa:l
Gaskartusche	gasolpatron, -en ga'so:l-pa'tru:n
Gaskocher	gaskök, -et ga:s-chö:k
Geschirr	porslin, -et por'schli:n
Geschirrtuch	kökshandduk, -en chö:ks-hand-dük
Glas	glas, -et gla:s
Glühbirne	glödlampa, -n glö:d-lampa
Hammer	hammare, -n hammare
Handtuch	handduk, -en hand-dü:k
Hauptsaison	högsäsong, -en hö:g-säsong
Heizung	värme, -n wärme
Herd	spis, -en spi:s

Hering	**tältpinne, -n** tält-pinne
Hotel	**hotell, -et** ho'tell
Hotelkärtchen	**hotellkort, -et** ho'tell-kurt
Internetanschluss	**uppkoppling till internet** üpp-koppling till internet
Isomatte	**liggunderlag, -et** ligg-ünderla:g
Jugendherberge	**vandrarhem, -met** wandrar-hemm
Kaffeemaschine	**kaffebryggare, -n** kaffe-'bryggare
Kamin	**öppen spis** öppen spi:s
Kaminholz	**ved, -en** we:d
kaputt	**trasig** tra:si
Kaution	**depositionsavgift, -en** deposi'schu:ns-a:w-jift
Kinderbett	**barnsäng, -en** ba:rn-säng
Kleiderbügel	**klädhängare, -n** klä:d-hängare
Kocher	**kokare, -n** ku:kare
Kopfkissen	**kudde, -n** küdde
Kühlschrank	**kylskåp, -et** chy:l-sko:p
Lampe	**lampa, -n** lampa
Leihgebühr	**uthyrningsavgift, -en** ü:t-hy:rnings-a:w-jift
Licht	**ljus, -et** jü:s
Luftmatratze	**luftmadrass, -en** lüft-ma'drass
Matratze	**madrass, -en** ma'drass

Miete	hyra, -n hy:ra
mieten	hyra hy:ra
Moskitonetz	myggnät, -et mygg-nä:t
Nachsaison	lågsäsong, -en lo:g-säsong
Netzspannung	nätspänning, -en nä:t-spänning
Notausgang	nödutgång, -en nö:d-ü:t-gong
Rechnung	räkning, -en rä:kning
reservieren	boka bu:ka
reserviert	bokat bu:kat
Rezeption	reception, -en resep'schu:n
Safe	kassaskåp, -et kassa-sko:p
Schlafsaal	sovsal, -en so:w-sa:l
Schlafsack	sovsäck, -en so:w-säck
Schlüssel	nyckel, -n nyckel
schmutzig	smutsig smütsi
Schrank	skåp, -et sko:p
Sessel	fåtölj, -en fo:'tölj
Sicherung	säkring, -en sä:kring
Spiegel	spegel, -n spe:gel
Spülung	spolning, -en spu:lning
Steckdose	eluttag, -et e:l-ü:t-ta:g
Stecker	kontakt, -en kon'takt
Stuhl	stol, -en stu:l
Swimmingpool	swimmingpool, -en swimming-pu:l
Telefon	telefon, -en tele'fo:n

Terrasse	**terrass, -en** ter'rass
Tisch	**bord, -et** bu:rd
Toilette	**toalett, -en** toa'lett
Toilettenpapier	**toalettpapper, -pappret** toa'lett-papper
Trinkwasser	**dricksvatten, -vattnet** dricks-watten
Ventilator	**fläkt, -en** fläckt
Verlängerungskabel	**förlängningssladd, -en** för'längnings-sladd
Verlängerungswoche	**extravecka** ekstra-wecka
Voranmeldung	**föranmälan** för-ann'mä:lan
Vorsaison	**försäsong, -en** för-säsong
Waschbecken	**handfat, -et** hand-fa:t
waschen (Wäsche)	**tvätta** twätta
Wäschetrockner	**torktumlare, -n** tork-tümmlare
Waschmaschine	**tvättmaskin, -en** twätt-ma'schi:n
Waschraum	**tvättrum, -met** twätt-rümm
Wasser	**vatten, vattnet** watten
Wasserhahn	**vattenkran, -en** watten-kra:n
Wohnmobil	**husbil, -en** hü:s-bi:l
Wohnwagen	**husvagn, -en** hü:s-wagn
Zelt	**tält, -et** tält
zelten	**tälta** tälta
Zimmer	**rum, -met** rümm

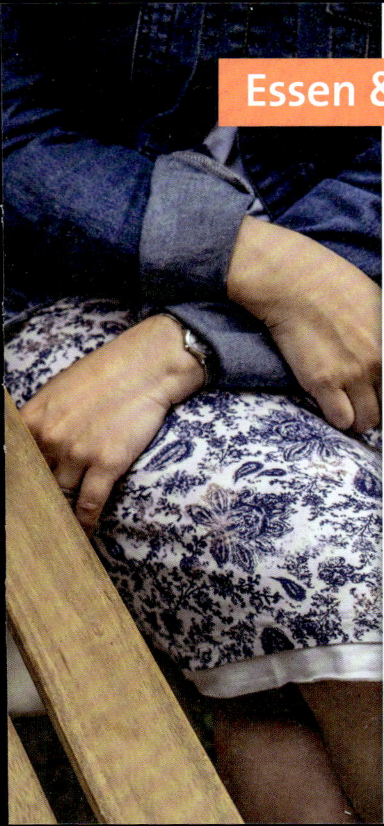

Essen & Trinken

Frukost

Frühstück

apelsinjuice apel'si:n-ju:s	Orangensaft
bröd brö:d	Brot
croissant kroa'sang	Croissant
filmjölk fi:l-mjölk	schwedische Sauermilch
(frukost)gröt (frü:-kost-)grö:t	Haferbrei
havregryn ha:wre-gry:n	Haferflocken
kaffe kaffe	Kaffee
kakao ka:kao	Kakao
kaviar kawiar	Kaviar
korv korw	Wurst
marmelad marme'la:d	Marmelade
medwurst me:d-würst	Mettwurst
mesost me:s-u:st	Braunkäse
mjölk mjölk	Milch
müsli mü:sli	Müsli
omelett ome'lett	Omelett
ost u:st	Käse
pålägg po:-lägg	Aufschnitt
salami sa'la:mi	Salami
skinka schinka	Schinken
småfranska smo:-franska	Brötchen
smör smör	Butter
sylt sy:lt	Konfitüre
te te:	Tee

toast to:st	Toast
yoghurt jo:gürt	Joghurt
ägg ägg	Ei
äggröra ägg-rö:ra	Rührei
hårdkokt ägg ho:rd-ku:kt ägg	hart gekochtes Ei
mjukkokt ägg mjü:k-ku:kt ägg	weich gekochtes Ei
stekt ägg ste:kt ägg	Spiegelei

Förrätter

Vorspeisen

avocado med räkor awo'ka:do me: rä:kor	Avocado mit Krabben
carpaccio kar'patschio	Carpaccio
dillsill dill-sill	in Dillsoße eingelegter Hering
fyllda champinjoner fyllda schampin'ju:ner	gefüllte Champignons
gravad lax med senapssås gra:wad laks me: se:naps-so:s	gebeizter Lachs mit Senfsoße
inlagd sill inlagd sill	eingelegter Hering
landgång land-gong	Baguettebrot mit Aufschnitt oder Aufstrich

lufttorkad skinka lüft-torkad schinka	luftgetrockneter Schinken
ost- och skinkpaj u:st- o: schink-paj	Quiche mit Käse und Schinken
paj paj	herzhafte Quiche mit verschiedenen Zutaten
räkcocktail rä:k-kocktejl	Krabbencocktail
räksufflé rä:k-sü'ffle:	Krabbensoufflé
rökt fjordlax rö:kt fjurd-laks	geräucherter Fjordlachs
senapssill se:naps-sill	in Senfsoße eingelegter Hering
smörgås smör-go:s	Butterbrot
smörgåstårta smör-go:s-to:rta	herzhaft belegte Butterbrottorte
snittar snittar	belegte Schnittchen
toast skagen to:st ska:gen	Toast mit Krabben
vårrullar wo:r-rüllar	Frühlingsrolle

Soppor

Suppen

champinjonsoppa schampin'ju:n-soppa	Pilzsuppe
fisksoppa fisk-soppa	Fischsuppe

grönsakssoppa grö:n-sa:ks-soppa	Gemüsesuppe
köttsoppa chött-soppa	Fleischsuppe
sparrissoppa sparris-soppa	Spargelsuppe
tomatsoppa tu'ma:t-soppa	Tomatensuppe
ärtsoppa ärt-soppa	Erbsensuppe

Sallad

Salate

blandad sallad blandad sallad	gemischter Salat
bondsallad bu:nd-sallad	Bauernsalat
kålsallad ko:l-sallad	Krautsalat
potatissallad po'ta:tis-sallad	Kartoffelsalat
rödbetssallad rö:d-be:ts-sallad	Rote Beete-Salat
sallad sallad	Salat
sillsallad sill-sallad	Heringssalat
tomat-och mozarellasallad tu'ma:t- o: motsa'rella-sallad	Tomaten- und Mozzarellasalat

Kötträtter

Fleischgerichte

anka anka	Ente
biff biff	(Hack-)Steak
falukorv fa:lü-korw	Fleischwurst
fasan fa'sa:n	Fasan
fläsk fläsk	Speck
fläsk- fläsk-	Schweine-
fläskfilé fläsk-fi'le:	Schweinefilet
gås go:s	Gans
hare ha:re	Hase
hjort ju:rt	Hirsch
höna hö:na	Huhn
kåldolmar ko:l-dolmar	Kohlroulade mit Hackfleisch und Reis
kalkon kal'ku:n	Pute
kalops ka'lopps	schwedischer Fleischeintopf
kalv- kalw	Kalbs-
kanin ka'ni:n	Kaninchen
köttbullar chött-büllar	gebratene Fleischklößchen
köttfärs chött-färsch	Hackfleisch
köttgryta chött-gry:ta	Fleischeintopf
kyckling chyckling	Hähnchen
lever le:wer	Leber
ox- uks-	Rind-
oxfilé uks-fi'le:	Rinderfilet

pannbiff pann-biff	Hacksteak mit gebratenen Zwiebeln, Salzkartoffeln und brauner Soße
pytt i panna pytt i panna	gebratene Kartoffeln, Zwiebeln und Fleisch mit Spiegelei
rådjur ro:-jü:r	Reh
rådjurssadel ro:-jü:rs-sa:del	Rehrücken
rapphöna rapp-hö:na	Rebhuhn
ren re:n	Rentier
revbensspjäll re:w-be:ns-spjäll	Rippe
rostbiff ro:st-biff	Roastbeef
sjömansbiff schö:-mans-biff	Eintopf mit Minutensteak, Kartoffeln, Zwiebeln, Bier
tunga tünga	Zunge
vildsvin wild-swi:n	Wildschwein
älg älj	Elch

Fisk

Fisch

aborre aborre	Barsch
ansjovis an'scho:wis	Anchovis
böckling böckling	Bückling
fiskbullar fisk-büllar	Fischklößchen

fiskgratäng fisk-gra'täng	Fischauflauf
fiskpinnar fisk-pinnar	Fischstäbchen
flundra flündra	Flunder
forel fo'rell	Forelle
gädda jädda	Hecht
gös jö:s	Zander
hälleflundra hälle-flündra	Heilbutt
Janssons frestelse ja:nssons frestelse	Kartoffelauflauf mit Sahne, Zwiebeln und Anchovis
lax laks	Lachs
lutfisk lü:t-fisk	eingeweichter Stockfisch
makrill ma'krill	Makrele
piggvar pigg-wa:r	Steinbutt
regnbågslax regn-bo:gs-laks	Regenbogenforelle
rödspätta rö:d-spätta	Scholle
rom romm	Rogen
sill sill	Hering
sjötunga schö:-tünga	Seezunge
strömming strömming	Ostseehering
surströmming sü:r-strömming	vergorener Ostseehering
svärdfisk swärd-fisk	Schwertfisch
tonfisk tu:n-fisk	Thunfisch
torsk torschk	Kabeljau
ål o:l	Aal

Skaldjur

Meeresfrüchte

hummer hümmer	Hummer
kammusslor kamm-müsslur	Jakobsmuscheln
krabba krabba	Krabbe
kräfta kräfta	Krebs
musslor müsslur	Muscheln
ostron u:stron	Austern
räkor rä:kur	Garnelen
skaldjur ska:l-jü:r	Meeresfrüchte

Tillbehör

Beilagen

klyftpotatis klyft-po'ta:tis	Kartoffelspalten
knäckebröd knäcke-brö:d	Knäckebrot
kokt potatis ku:kt po'ta:tis	gekochte Kartoffeln
lingonsylt lingon-sylt	Preiselbeermarmelade
pasta pasta	Nudeln
pommes frites pomm fritt	Pommes frites
potatisgratäng po'ta:tis-gra'täng	Kartoffelauflauf

potatismos po'ta:tis-mu:s	Kartoffelpüree
ris ri:s	Reis
rotmos ru:t-mu:s	Rüben- und Kartoffelpüree
stekt potatis ste:kt po'ta:tis	Bratkartoffeln
tunnbröd tünn-brö:d	nordschwedisches Fladenbrot
äppelmos äppel-mu:s	Apfelmus

Grönsaker

Gemüse

auberginer o:ber-schi:ner	Auberginen
avocado awo'ka:do	Avocado
blomkål blum-ko:l	Blumenkohl
bönor bö:nor	Bohnen
brysselkål bryssel-ko:l	Rosenkohl
champinjoner schampin'ju:ner	Champignons
fänkål fänn-ko:l	Fenchel
gröna ärtor grö:na ärtur	grüne Erbsen
gurka gürka	Gurke
kronärtskockor kru:n-ärtsch-kockur	Artischocken
kålrabbi ko:l-rabbi	Kohlrabi
kålrot ko:l-ru:t	Steckrübe

linser linser .... Linsen
morötter mu:rötter .... Möhren
oliver o'li:wer .... Oliven
paprika pa:prika .... Paprika
pumpa pümpa .... Kürbis
purjolök pürju-lö:k .... Lauch
rädisor rä:disur .... Radieschen
rödbeta rö:d-be:ta .... Rote Bete
selleri selleri: .... Sellerie
sparris sparris .... Spargel
spenat spe'na:t .... Spinat
svampar swampar .... Pilze
tomater tu'ma:ter .... Tomaten
zuccini tsü'ki:ni .... Zucchini

Tillagningssätt

Zubereitungsarten

bakad ba:kad .... gebacken
bräserad brä'se:rad .... geschmort
flamberad flam'be:rad .... flambiert
friterad fri'te:rad .... frittiert
genomstekt jenom-ste:kt durchgebraten
gratinerad grati'ne:rad .... überbacken
grillad grillad .... gegrillt
hemgjord hemm-ju:rd .... hausgemacht
inlagd inn-lagd .... eingelegt

kokt ku:kt	gekocht
kryddmarinerad krydd-mari'ne:rad	kräutermariniert
marinerad mari'ne:rad	mariniert
panerad pa'ne:rad	paniert
rökt rö:kt	geräuchert
rostad rostad	geröstet
stekt ste:kt	gebraten
stuvad stü:wad	in Mehlschwitze
ugnsbakad üngns-ba:kad	im Ofen gebacken
ugnsstekt üngns-ste:kt	im Ofen gebraten
ångkokt o:ng-ku:kt	gedämpft, gedünstet

Efterrätt

Nachtisch

chokladpudding scho'kla:d-püdding	Schokoladenpudding
fruktsallad frükt-sallad	Obstsalat
glass glass	Eis
maräng ma'räng	Baiser
risgrynsgröt ri:s-gry:ns-grö:t	Milchreis
sylt sylt	Eingemachtes
vaniljsås wa'nilj-so:s	Vanillesoße
vispgrädde wisp-grädde	Schlagsahne

Kakor och bakelser

Kuchen und Gebäck

blåbärskaka blo:-bärsch-ka:ka	Blaubeerkuchen
chokladbollar scho'kla:d-bollar	Schokoladenbällchen
chokladkaka scho'kla:d-ka:ka	Schokoladenkuchen
kanelbullar ka'ne:l-büllar	Zimtschnecken
kladdkaka kladd-ka:ka	weicher Schokoladenkuchen
ostkaka u:st-ka:ka	schwedischer Käsekuchen
pannkaka pann-ka:ka	dünner Pfannkuchen
pepparkaka peppar-ka:ka	schwedischer Pfefferkuchen
prinsesstårta prin'sess-torta	grüne „Prinzessinentorte" mit Sahne und Beeren
punschrullar pünsch-rüllar	Punschröllchen
rabarberpaj ra'barber-paj	Rhabarberkuchen
saffransbullar saffrans-büllar	Safrangebäck
tårta to:rta	Torte
våfflor wofflur	Waffeln
wienerbröd wi:ner-brö:d	Plunderstück
äppelkaka äppel-ka:ka	Apfelkuchen

Ost

Käse

fårost fo:r-u:st	Schafskäse
getost je:t-u:st	Ziegenkäse
gräddost grädd-u:st	Rahmkäse
grevé(ost) gre:'ve:(-u:st)	schwedischer Hartkäse (ähnlich Emmentaler)
herrgårdsost herr-go:rds-u:st	südschwedischer Hartkäse
keso ke:so	Hüttenkäse
lagrad la:grad	gereift
mild ost mild u:st	milder Käse
mjukost mjü:k-u:st	Weichkäse
mögelost mö:gel-u:st	Schimmelkäse
ostbricka u:st-bricka	Käseplatte
stark ost stark u:st	kräftiger Käse
västerbottensost wäster-bottens-u:st	würziger Hartkäse aus Nordschweden

Frukt

Obst

apelsin apel'si:n	Apfelsine
aprikos apri'ko:s	Aprikose
björnbär björn-bä:r	Brombeeren

blåbär blo:-bä:r	Blaubeeren
hallon hallon	Himbeeren
hjortron ju:rtron	Multbeeren
jordgubbar ju:rd-gübbar	Erdbeeren
krusbär krü:s-bä:r	Stachelbeeren
körsbär chörsch-bä:r	Kirschen
lingon lingon	Preiselbeeren
persika perschicka	Pfirsich
plommon plummon	Pflaume
päron pä:ron	Birne
smultron smültron	Walderdbeeren
tranbär tra:n-bä:r	Cranberry
vinbär wi:n-bä:r	Johannisbeeren
vindruvor wi:n-drü:wur	Weintrauben

Alkoholfria drycker

Alkoholfreie Getränke

apelsinjuice apel'si:n-ju:s	Orangensaft
lingondricka lingon-dricka	Preiselbeersirup
läsk läsk	Limonade
mineralvatten mine'ra:l-watten	Mineralwasser
saft saft	Sirup
tomatjuice tu'ma:t-ju:s	Tomatensaft
vatten watten	Wasser
äppeljuice äppel-ju:s	Apfelsaft

Alkoholhaltiga drycker

Alkoholische Getränke

akvavit akwa'wi:t	Aquavit (skandinavischer Kräuterschnaps)
brännvin bränn-wi:n	Schnaps
champagne scham'panj	Champagner
fatöl fa:t-ö:l	Fassbier
fruktigt vin früktit wi:n	fruchtiger Wein
glögg glögg	Glühwein
halvtorrt vin halw-torrt wi:n	halbtrockener Wein
husets vin hü:sets wi:n	Hauswein
konjak konn'jak	Kognak
lättöl lätt-ö:l	Leichtbier (bis 2,25 % Alkohol)
lingonvin lingon-wi:n	Preiselbeerwein
ljust öl jü:st ö:l	helles Bier
mellanöl mellan-ö:l	mittelstarkes Bier (bis 4,5 % Alkohol)
mörkt öl mörkt ö:l	dunkles Bier
mousserande vin mu'sse:rande wi:n	Schaumwein, Sekt
öl ö:l	Bier
portvin po:rt-wi:n	Portwein
punsch pünsch	Schwedenpunsch
rosévin ro'se:-wi:n	Rosé
rött vin rött wi:n	Rotwein

sött vin sött wi:n	süßer, lieblicher Wein
starköl stark-ö:l	Starkbier (ab 4,5 % Alkohol)
stor stark stu:r stark	großes Starkbier (0,4 l)
torrt vin torrt wi:n	trockener Wein
vitt vin witt wi:n	Weißwein
vodka wodka	Wodka

Varma drycker

Heiße Getränke

grönt te grö:nt te:	grüner Tee
kaffe kaffe	Kaffee
kaffe med mjölk kaffe me: mjölk	Kaffee mit Milch
kaffe utan mjölk kaffe ü:tan mjölk	Kaffee ohne Milch
kakao ka:kao	Kakao
örtte ört-te:	Kräutertee
svart te swart te:	schwarzer Tee
te med citron te: me: si'tru:n	Tee mit Zitrone
te med mjölk te: me: mjölk	Tee mit Milch
varm choklad (med vispgrädde) warm scho'kla:d (me: wisp-grädde)	heiße Schokolade (mit Schlagsahne)

Restaurantsuche

Wo gibt es hier in der Nähe ►	**Var i närheten finns det ►** wa:r i: nä:rhe:ten finns de: ►
► ein Café?	► **ett café?** ett ka'fe:?
► eine Kneipe?	► **en pub?** enn püb?
► ein preiswertes Restaurant?	► **en prisvärd restaurang?** enn pri:s-wärd restau'rang?
► ein typisch schwedisches Restaurant?	► **en typisk svensk restaurang?** enn ty:pisk swensk restau'rang?
► einen Schnell-imbiss?	► **en snabbmatsrestaurang?** enn snabb-ma:ts-restau'rang?
Einen Tisch für ... Personen bitte.	**Ett bord för ... personer, tack.** ett bu:rd för ... perschu:ner, tack.
Ist dieser Tisch noch frei?	**Är det här bordet ledigt?** ä:r de: hä:r bu:rdet le:dit?
Ist dieser Platz noch frei?	**Är den här platsen ledig?** ä:r denn hä:r platsen le:di?
Haben Sie einen Hochstuhl?	**Har du en barnstol?** ha:r dü: enn ba:rn-stu:l?
Entschuldigung, wo sind die Toiletten?	**Ursäkta, var ligger toaletten?** ü:r'schäckta, wa:r ligger toa'letten?

Bestellen

Ist hier Selbstbedienung?	**Är det självbetjäning här?** ä:r de: schälw-be'schä:ning hä:r?
Die Karte bitte.	**Matsedeln, tack.** ma:t-se:deln, tack.
Haben Sie die Speisekarte auch auf ▸ ▸ Deutsch? ▸ Englisch?	**Finns matsedeln på ▸ också?** finns ma:t-se:deln po: ▸ ockso:? ▸ **tyska** tyska ▸ **engelska** engelska
Ich möchte nur etwas trinken.	**Jag skulle bara vilja ha något att dricka.** ja: skülle ba:ra wilja ha: no:got att dricka.
Gibt es jetzt noch etwas zu essen?	**Kan man fortfarande beställa mat?** kann mann fu:rt-fa:rande be'ställa ma:t?

Info Um die Bedienung auf sich aufmerksam zu machen, geben Sie ein dezentes Handzeichen oder sagen: **Skulle jag kunna få beställa/betala, tack?** Skülle ja:g künna fo: be-ställa/be-ta:la, tack? (Kann ich bitte bestellen/bezahlen?).

Das könnten Sie hören:
Vad vill du ha att dricka?
wa:d will dü: ha: att dricka?
Was möchten Sie trinken?

Ich möchte ►	Jag skulle vilja ha ► ja: skülle wilja ha: ►
► ein Glas Rotwein.	► ett glas rött vin. ett gla:s rött wi:n.
► eine Flasche Weißwein.	► en flaska vitt vin. enn flaska witt wi:n.
► einen Liter Hauswein.	► en liter av husets vin. enn li:ter a:w hü:sets wi:n.
► einen halben Liter Hauswein.	► en halv liter av husets vin. enn halw li:ter a:w hü:sets wi:n.
► ein Viertel Rosé.	► en kvarts liter rosévin. enn kwarts li:ter ro'se:-wi:n.
► ein Bier.	► en öl. enn ö:l.
► eine Karaffe Wasser.	► en karaff vatten. enn ka'raff watten.
► eine kleine Flasche Mineralwasser.	► en liten flaska mineralvatten. enn li:ten flaska mine'ra:l-watten.
► eine große Flasche Mineralwasser.	► en stor flaska mineralvatten. enn stu:r flaska mine'ra:l-watten.
► eine Tasse Kaffee.	► en kopp kaffe. enn kopp kaffe.

Das könnten Sie hören:
Vad vill du ha att äta?
wa:d will dü: ha: att ä:ta?
Was möchten Sie essen?

Ich möchte ►	Jag skulle vilja ha ► ja: skülle wilja ha: ►
► das Menü zu ... Kronen.	► menyn för ... kronor. me'ny:n för ... kru:nur.
► eine Portion ...	► en portion ... enn port'schu:n ...
► ein Stück ...	► en bit ... enn bi:t ...
Was ist heute das Tagesgericht?	Vad är dagens rätt? wa: ä:r da:gens rätt?
Was sind die Spezialitäten dieser Region?	Vilka är specialiteterna i denna region? wilka ä:r spesiali'te:terna i denna re'giu:n?
Haben Sie ►	Finns det ► finns de: ►
► diabetische Kost?	► diabetikerkost? dia'be:tiker-kost?
► Diätkost?	► dietkost? di'e:t-kost?
► vegetarische/vegane Gerichte?	► vegetariska/vegan rätter? wege'ta:riska/wega:n rätter?

Info Zum Essen wird meistens kostenlos Leitungswasser bereitgestellt. In vielen Cafés und Restaurants ist ein **påtår** po:-to:r („der Schluck obendrauf“) im Preis inbegriffen. Das bedeutet, dass Sie sich eine zweite Tasse Kaffee umsonst oder für einen kleinen Aufpreis nehmen dürfen.

Ist ... in dem Gericht? Ich darf das nicht essen.	**Är det ... i den här rätten? Jag får inte äta det.** ä:r de: ... i: denn hä:r rätten? ja: fo:r inte ä:ta de:.
Für mich bitte ohne ...	**Utan ... för mig, tack.** ü:tan ... fö:r mej, tack.
Kann ich ... statt ... haben?	**Skulle jag kunna få ... i stället för ...?** skülle ja: künna fo: ... i stället fö:r ...?
Ich möchte noch etwas Brot.	**Jag skulle vilja ha lite bröd till.** ja: skülle wilja ha: li:te brö:d 'till.
Bitte bringen Sie mir noch ...	**Kan jag få en ... till, tack.** kann ja: fo: enn ... 'till, tack.
Können wir für die Kinder eine halbe Portion bekommen?	**Skulle vi kunna få halva portioner till barnen?** skülle wi: künna fo: halwa port'schu:ner till ba:rnen?
Bringen Sie uns bitte ► für unser Kind.	**Var snäll och ge oss ► till vårt barn.** wa:r snäll o: je: oss ► till wo:rt ba:rn.

▸ein Extra-Gedeck	▸extra-bestick och -tallrik ekstra be'stick o: tall'ri:k
▸einen kleinen Löffel	▸en liten sked enn li:ten sche:d

Bei Tisch

Guten Appetit!	Smaklig måltid! sma:kli mo:l-ti:d!
Danke, gleichfalls!	Tack detsamma! tack de:'samma!
Zum Wohl!	Skål! sko:l!

Das könnten Sie hören:

Smakar det gott? sma:kar de: gott?	Schmeckt es Ihnen | dir?
Danke, sehr gut.	Tack, mycket gott. tack, mycke gott.
Es war ausgezeichnet.	Det var alldeles utmärkt. de: war all-deles ü:t-märkt.
Was ist das?	Vad är det? wa: ä:r de:?
Ich möchte Sie | dich einladen.	Jag vill bjuda dig. ja: will bjü:da dej.
Danke für die Einladung.	Tack för inbjudan. tack fö:r inn-bjü:dan.

Reklamieren

Das habe ich nicht bestellt. Ich wollte ...	Det har jag inte beställt. Jag ville ha ... de: ha:r ja: inte be'ställt. ja: wille ha: ...
Haben Sie unser ... vergessen?	Har du glömt vår ...? ha:r dü: glömmt wo:r ...?
Hier fehlt noch ...	Här fattas ... hä:r fattas ...
Das Essen ist ▸	Maten är ▸ ma:ten ä:r ▸
▸ kalt.	▸ kall. kall.
▸ versalzen.	▸ för salt. fö:r salt.
Das Fleisch ist nicht lang genug gebraten.	Köttet är inte tillräckligt genomstekt. chöttet ä:r inte till-räcklit je:nom-ste:kt.
Das Fleisch ist zäh.	Köttet är segt. chöttet ä:r se:gt.
Bitte nehmen Sie es zurück.	Var snäll och ta tillbaka det här. wa:r snäll o: ta: till'ba:ka de: hä:r.

Bezahlen

Die Rechnung bitte!	Notan, tack! nu:tan, tack!
Ich hätte gerne eine Quittung.	Jag skulle vilja ha ett kvitto. ja: skülle wilja ha: ett kwitto.

Wir möchten getrennt bezahlen.	**Vi vill betala var för sig.** wi: will be'ta:la wa:r för sej.
Bitte alles zusammen.	**Tillsammans, tack.** till'sammans, tack.

Das könnten Sie hören:

Smakade det bra? sma:kade de: bra:?	Hat es Ihnen geschmeckt?

Es war ausgezeichnet.	**Det var alldeles utmärkt.** de: war all-deles ü:t-märkt.
Ich glaube, hier stimmt etwas nicht.	**Jag tror att det är något som inte stämmer här.** ja: tro:r att de: ä:r no:got som inte stämmer hä:r.
Es stimmt so.	**Det är jämnt.** de: ä:r jämmt.
Vielen Dank.	**Tack så mycket.** tack so: mycke.

Info Es ist in Schweden kein Problem, getrennt zu bezahlen. Obwohl zum Teil schon im Preis inbegriffen, freut man sich in Restaurants und Bars über ein Trinkgeld von 5–10 %, das Sie am besten direkt beim Bezahlen geben oder auf dem Tisch liegen lassen.

Weitere Wörter

Abendessen	**middag, -en** midda:g
Allergie	**allergi, -en** alergi:
Bedienung (Kellner, Kellnerin)	**betjäning, -en** be'schä:ning
Beilage	**tillbehör, -et** till-be'hö:r
Besteck	**bestick, -et** be'stick
bestellen	**beställa** be'ställa
bezahlen	**betala** be'ta:la
Brot	**bröd, -et** brö:d
Diät	**diet, -en** di'e:t
durstig sein	**vara törstig** wa:ra törschti
essen	**äta** ä:ta
Essen	**mat, -en** ma:t
Essig	**vinäger, -n** wi'nä:ger
fett	**fet** fe:t
Fisch	**fisk, -en** fisk
Fläschchenwärmer	**nappflaskevärmare, -n** napp-flaske-'wärmare
Flasche	**flaska, -n** flaska
Fleisch	**kött, -et** chött
frisch	**färsk** färschk
Frühstück	**frukost, -en** frü-kost
frühstücken	**äta frukost** ä:ta frü-kost
Gabel	**gaffel, -n** gaffel
Gang	**rätt, -en** rätt

Gedeck	**tallrik och bestick** tall'ri:k o: be'stick
Gemüse	**grönsak, -en** grö:n-sa:k
Gericht	**rätt, -en** rätt
Getränk	**dryck, -en** dryck
getrennt bezahlen	**betala var för sig** be'ta:la war för sej
gewürzt	**kryddad** kryddad
glutenfrei	**glutenfri** glütenfri
Glas	**glas, -et** gla:s
Gräte	**(fisk)ben, -et** (fisk)be:n
Hauptgericht	**huvudrätt, -en** hü:wüd-rätt
hausgemacht	**hemgjord** hemm-ju:rd
heiß	**het** he:t
hungrig sein	**vara hungrig** wa:ra hüngri
kalt	**kall** kall
Kellner	**kypare, -n** chy:pare
Kellnerin	**servitris, -en** serwi'tri:s
Kinderteller	**barnportion, -en** ba:rn-port'schu:n
Kneipe	**pub, -en** püb
Knoblauch	**vitlök, -en** wi:t-lö:k
laktosefrei	**laktosfri** laktosfri
Löffel	**sked, -en** sche:d
mager	**mager** ma:ger
Mayonnaise	**majonnäs, -en** majo'nä:s
Menü	**meny, -n** me'ny:

Messer	kniv, -en kni:w
Mineralwasser mit Kohlensäure	mineralvatten med kolsyra mine'ra:l-watten me: ko:l-sy:ra
Mineralwasser ohne Kohlensäure	mineralvatten utan kolsyra mine'ra:l-watten ü:tan ko:l-sy:ra
Mittagessen	lunch, -en lunsch
Nachtisch	efterrätt, -en efter-rätt
Obst	frukt, -en frükt
Öl	olja, -n olja
Pfeffer	peppar, -n peppar
Portion	portion, -en port'schu:n
Restaurant	restaurang, -en restau'rang
Rindfleisch	nötkött, -et nö:t-chött
roh	rå ro:
Rohkost	råkost, -en ro:-kost
Sahne	grädde, -n grädde
Salat	sallad, -en sallad
Salatsoße	dressing, -en dressing
Salz	salt, -et salt
Salzstreuer	saltkar, -et salt-'ka:r
satt sein	vara mätt wa:ra mätt
sauer	sur sü:r
scharf	stark stark
schmecken	smaka sma:ka
Schonkost	dietkost, -en di'e:t-kost
Senf	senap, -en se:nap

Serviette	servett, -en ser'wett
Soße (Bratensoße)	sås, -en so:s
Spezialität	specialitet, -en spesiali'te:t
Stück	bit, -en bi:t
Stuhl	stol, -en stu:l
Suppe	soppa, -n soppa
süß	söt sö:t
Süßstoff	sötningsmedel, -medlet sö:tnings-me:del
Tasse	kopp, -en kopp
Tee	te, -et te:
Teelöffel	tesked, -en te:-sche:d
Teller	tallrik, -en tall'ri:k
Tisch	bord, -et bu:rd
trinken	dricka dricka
Trinkgeld	dricks, -en dricks
vegan	vegan wega:n
vegetarisch	vegetarisk wege'ta:risk
Vorspeise	förrätt, -en fö:r-rätt
Wasser	vatten, vattnet watten
Wein	vin, -et wi:n
Zahnstocher	tandpetare, -n tand-pe:tare
Zucker	socker, sockret socker
zusammen bezahlen	betala tillsammans be'ta:la till'sammans

84
M. SEGER
EFTR.

Einka

...nsche

...s?	**Hur mycket kostar det?** hü:r mycke kostar de:?
	Hur mycket kostar ...? hü:r mycke kostar ...?
Können Sie den Preis aufschreiben?	**Kan du skriva upp priset?** kann dü: skriwa 'üpp pri:set?
Das ist mir zu teuer.	**Det är för dyrt.** de: ä:r fö:r dy:rt.
Machen Sie mir einen guten Preis!	**Ge mig ett bra pris!** je: mej ett bra: pri:s!
Kann ich es etwas billiger bekommen?	**Skulle jag kunna få det lite billigare?** skülle ja: künna fo: de: li:te billi'gare?
Für ... nehme ich es.	**För ... tar jag den.** fö:r ... ta:r ja: denn.
Haben Sie auch etwas Preiswerteres?	**Finns det något prisvärdare?** finns de: no:got pri:s-wärdare?
Haben Sie ein Sonderangebot?	**Finns det något specialerbjudande?** finns de: no:got spesi'a:l-er'bjü:dande?

Kann ich mit ► zahlen?	Kan jag betala med ► kann ja: be'ta:la me: ►
► EC-Karte	► elektronkort? elek'tron-kurt.
► (dieser) Kreditkarte	► (det här) kreditkort(et)? (de: hä:r) kre'di:t-kurt(et)?
Ich hätte gerne eine Quittung.	Jag skulle gärna vilja ha ett kvitto. ja: skülle jä:rna wilja ha: ett kwitto.
Wo bekomme ich ...?	Var kan jag få tag på ...? wa:r kann ja: fo: ta:g po: ...?

Das könnten Sie hören:

Vad letar du efter?
wa:d le:tar dü: efter?
Was wünschen Sie?

Kan jag hjälpa till med något?
kann ja: jälpa till me: no:got?
Kann ich Ihnen helfen?

Danke, ich sehe mich nur um.	Tack, jag tittar bara. tack, ja: tittar ba:ra.
Ich werde schon bedient.	Tack, jag har redan fått hjälp. tack, ja: ha:r re:dan fott jälp.
Ich hätte gerne ...	Jag skulle vilja ha ... ja: skülle wilja ha: ...

hören:
en vi har inga ... kvar.
ınenn wi: ha:r inga ... kwa:r.
Es tut mir leid, wir haben keine ... mehr.

as gefällt mir nicht so gut. | Jag tycker inte så mycket om den. ja: tycker inte so: mycke omm denn.

Können Sie mir noch etwas anderes zeigen? | Kan du visa mig något annat? kann dü: wi:sa mej no:got annat?

Ich muss mir das noch mal überlegen. | Jag måste fundera på saken. ja: moste fün'de:ra po: sa:ken.

Ich nehme es. | Jag tar den. ja: ta:r denn.

Das könnten Sie hören:
Får det lov att vara något annat?
fo:r de: lo:w att wa:ra no:got annat?
Darf es sonst noch etwas sein?

Danke, das ist alles. | Tack, det var bra så. tack, de: wa:r bra: so:.

Haben Sie eine Tüte? | Kan jag få en påse? kann ja: fo: enn po:se?

Können Sie es mir für die Reise verpacken?	**Kan du slå in den för resan?** kann dü: slo: inn denn fö:r re:san?
Können Sie es als Geschenk einpacken?	**Kan du slå in den som present?** kann dü: slo: inn denn som pre'sent?
Ich möchte das ►	**Jag skulle vilja ► den.** ja: skülle wilja ► denn.
► umtauschen.	► **byta** by:ta
► zurückgeben.	► **lämna tillbaka** lämna till'ba:ka

Weitere Wörter

Ausverkauf	**rea, -n** re:a
billig(er)	**billig(are)** billi(gare)
Geld	**pengar** pengar
(zu) groß	**(för) stor** (för) stu:r
größer	**större** större
kaufen	**köpa** chö:pa
kontaktlos *(Bezahlung)*	**kontaktlöst** kontaktlös
kosten	**kosta** kosta
Schaufenster	**skyltfönster, -fönstret** schylt-fönster
Schlussverkauf	**utförsäljning, -en** ü:t-för'säljning

Selbstbedienung	självbetjäning, -en schälw-be'schä:ning
(zu) teuer	(för) dyr (för) dy:r
Tüte	påse, -n po:se
umtauschen	byta by:ta
zeigen	visa wi:sa
zurückgeben	lämna tillbaka lämna till'ba:ka

Geschäfte

Andenkenladen	souvenirbutik, -en suwe'nir-bü'ti:k
Antiquitätengeschäft	antikvitetsaffär, -en antikwi'te:ts-a'ffär
Apotheke	apotek, -et apo'te:k
Bäckerei	bageri, -et ba:ge'ri:
Blumengeschäft	blomsteraffär, -en blommster-a'ffä:r
Boutique	boutique, -n bou'tick
Buchhandlung	bokhandel, -n bu:k-handel
Drogerie	parfymeri, -et parfy:me'ri:
Einkaufszentrum	köpcentrum, -centret chö:p-sentrüm
Elektrohandlung	el-affär, -en e:l-a'ffä:r
Feinkostgeschäft	delikatessaffär, -en delika'tess-a'ffä:r
Fischgeschäft	fiskaffär, -en fisk-a'ffä:r

Fleischerei	charkuteri, -et scharküte'ri:
Flohmarkt	loppmarknad, -en lopp-marknad
Fotogeschäft	fotoaffär, -en fu:to-a'ffä:r
Friseursalon	frisörsalong, -en fri'sö:rsa'long
Juwelier(in)	juvelerare, -n jüwe'le:rare
Kaufhaus	varuhus, -et wa:rü:-hü:s
Kiosk	kiosk, -en chosk
Konditorei	konditori, -et kondito'ri:
Lederwarengeschäft	läderaffär, -en lä:der-a'ffä:r
Markt	marknad, -en marknad
Musikgeschäft	musikaffär, -en mü'si:k-a'ffä:r
Obst und Gemüse	frukt och grönsaker frükt o: grö:n-sa:ker
Optikfachgeschäft	optikeraffär, -n optikera'ffä:r
Parfümerie	parfymeri, -et parfy:me'ri:
Reinigung	kemtvätt, -en che:m-twätt
Schreibwaren-geschäft	pappershandel, -n pappersch-handel
Schuhgeschäft	skoaffär, -en sku:-a'ffä:r
Sportgeschäft	sportaffär, -en spo:rt-a'ffä:r
Supermarkt	stormarknad, -en stu:r-marknad
Tabakwaren	tobaksvaror tu:baks-wa:rur
Waschsalon	tvättomat, -en twätto'ma:t
Wurstwaren	korvar korwar
Zeitungsstand	tidningskiosk, -en tidnings-chosk

Lebensmittel

Bitte geben Sie mir ►	Skulle jag kunna få ► skülle ja: künna fo: ►
►100 Gramm ...	►ett hekto ... ett heckto ...
►1 halbes Kilo ...	►ett halvt kilo ... ett halwt chi:lo ...
►1 Kilo ...	►ett kilo ... ett chi:lo ...
►1 Liter ...	►en liter ... enn li:ter ...
►1 halben Liter ...	►en halv liter ... enn halw li:ter ...
►4 Scheiben ...	►fyra skivor ... fy:ra schi:wur ...
►1 Stück ...	►ett stycke ... ett stycke ...
Bitte zwei Stück davon.	Två stycken av det här, tack. two stycken a:w de: hä:r, tack.
Kann ich probieren?	Får jag provsmaka? fo:r ja: pru:w-sma:ka?

Weitere Wörter

alkoholfreies Bier .... alkoholfri öl alko'ho:l-fri: ö:l
Ananas .... ananas, -en ana'nas
Apfel .... äpple, -t äpple
Apfelsaft .... äppeljuice, -n äppel-ju:s
Aprikose .... aprikos, -en apri'ko:s

Artischocke	**kronärtskocka, -n** kru:n-ärtsch-kocka
Aubergine	**aubergine, -n** o:ber'schi:n
Avocado	**avokado, -n** awo'ka:do
Banane	**banan, -en** ba'na:n
Basilikum	**basilika, -n** ba'si:lika
Bier	**öl, -en** ö:l
Birne	**päron, -et** pä:ron
Brokkoli	**broccoli, -n** brockoli
Brot	**bröd, -et** brö:d
Brötchen	**fralla, -n** fralla
Butter	**smör, -et** smör
Chicorée	**endivsallad, -en** en'di:w-sallad
Cidre	**cider, -n** si:der
Ei	**ägg, -et** ägg
eingelegte Gurken	**inlagd gurka** inn-lagd gürka
Eis	**glass, -en** glass
Erbsen	**ärtor** ärtur
Erdbeeren	**jordgubbar** ju:rd-gübbar
Erdnüsse	**jordnötter** ju:rd-nötter
Essig	**vinäger, -n** wi'nä:ger
Esskastanien	**ätliga kastanjer** ä:tliga kas'tanjer
Estragon	**dragon, -en** dra'gu:n
fettarme Milch	**lättmjölk, -en** lätt-mjölk
Fisch	**fisk, -en** fisk

Fleisch	**kött, -et** chött
Geflügel	**fågel, -n** fo:gel
gekochter Schinken	**kokt skinka** ku:kt schinka
Gemüse	**grönsaker** grö:n-sa:ker
Gewürze	**kryddor** kryddur
Grieß	**mannagryn, -et** manna'gry:n
grüne Bohnen	**gröna bönor** grö:na bö:nur
Gurke (Salatgurke)	**gurka, -n** gürka
Hackfleisch	**köttfärs, -en** chött-färsch
Haferflocken	**havregryn, -et** ha:wre-gry:n
Hähnchen	**kyckling, -en** chyckling
Haselnüsse	**hasselnötter** hassel-nötter
Himbeeren	**hallon, -en** hallon
Honig	**honung, -en** ho:nüng
Joghurt	**yogurth, -en** jo:gürt
Kaffee	**kaffe, -t** kaffe
Kakao	**kakao, -n** ka:kao
Kalbfleisch	**kalvkött, -et** kalw-chött
Kartoffeln	**potatisar, -na** po'ta:tisar
Käse	**ost, -en** u:st
Kekse	**kex, -et** cheks
Ketchup	**ketchup, -en** ketchüp
Kirschen	**körsbär** chörs-bä:r
Kiwi	**kiwi, -n** ki:wi
Knoblauch	**vitlök, -en** wi:t-lö:k
Kohl	**kål, -en** ko:l

Kräuter	**örter** ö:rter
Kräutertee	**örtte, -et** ö:rt-te:
Kuchen	**kaka, -n** ka:ka
Lammfleisch	**lammkött, -et** lamm-chött
Lauch	**purjolök, -en** pürju-lö:k
Leberpastete	**leverpastej, -en** le:wer-pas'tej
Limonade	**läsk, -en** läsk
Mais	**majs, -en** mais
Margarine	**margarin, -et** marga'ri:n
Marmelade	**marmelad, -en** marme'la:d
Melone	**melon, -en** me'lu:n
Milch	**mjölk, -en** mjölk
Mineralwasser mit Kohlensäure	**mineralvatten med kolsyra** mine'ra:l-watten me: ko:l-sy:ra
Möhren	**morötter** mu:rötter
Müsli	**müsli, -n** mü:sli
Nektarine	**nektarin, -en** nekta'ri:n
Nudeln	**pasta, -n** pasta
Obst	**frukt, -en** frükt
ohne Konservierungsstoffe	**utan konserveringsmedel** ü:tan konser'we:rings-me:del
Öl	**olja, -n** olja
Oliven	**oliver** o'li:wer
Olivenöl	**olivolja, -n** o'li:w-olja
Ölsardinen	**sardiner inlagda i olja** sar'di:ner inn-lagda i olja

Orange	apelsin, -en apel'si:n
Orangensaft	apelsinjuice, -en apel'si:n-ju:s
Oregano	oregano, -n ore'ga:no
Paprika (Gewürz)	paprika, -n pa:prika
Paprikaschote	paprika, -n pa:prika
Peperoni	peperoni, -n peppe'ro:ni
Petersilie	persilja, -n per'schilja
Pfeffer	peppar, -n peppar
Pfirsich	persika, -n pe:rschika
Pflaume	plommon, -et plummon
Pilze	svampar swampar
Reis	ris, -et ri:s
Rindfleisch	nötkött, -et nö:t-chött
roher Schinken	skinka, -n schinka
Rosmarin	rosmarin, -en ro:sma'ri:n
Rotwein	rött vin rött wi:n
Saft	juice, -n ju:s
Sahne	grädde, -n grädde
Salami	salami, -n sa'la:mi
Salat	sallad, -en sallad
Salz	salt, -et salt
Schinken	skinka, -n schinka
Schnittlauch	gräslök, -en grä:s-lö:k
Schnitzel	schnitzel, -n schnitsel
Schokolade	choklad, -en scho'kla:d
Schwarzbrot	mörkt bröd mörkt brö:d

Schweinefleisch	fläskkött, -et fläsk-chött
Spargel	sparris, -en sparris
Spinat	spenat, -en spe'na:t
Steak	biff, -en biff
Süßstoff	sötningsmedel, -medlet sö:tnings-me:del
Tee	te, -et te:
Thunfisch	tonfisk, -en tu:n-fisk
Thymian	timjan, -en ti:mjan
Tomate	tomat, -en to'ma:t
Vollkornbrot	fullkornsbröd, -et füll-ku:rns-brö:d
Walnuss	valnöt, -en wal-nö:t
Wassermelone	vattenmelon, -en watten-me'lu:n
Wein	vin, -et wi:n
Weintrauben	vindruvor wi:n-drü:wur
Weißbrot	vitt bröd witt brö:d
weiße Bohnen	vita bönor wi:ta bö:nur
Weißwein	vitt vin witt wi:n
Wurst(aufschnitt)	kallskuret, - kall-skü:ret
Würstchen	korv, -en korw
Zitrone	citron, -en si'tru:n
Zucchini	zucchini, -n tsü'kini
Zucker	socker, sockret socker
Zwieback	skorpa, -n skorpa
Zwiebel	lök, -en lö:k

Kleidung

Ich suche ... | Jag letar efter ...
ja: le:tar efter ...

Das könnten Sie hören:
Vilken storlek har du?
wilken stu:rlek ha:r dü:?
Welche Größe haben Sie?

Ich habe (die deutsche) Größe ... | Jag har (tysk) storlek ...
ja: ha:r (tysk) stu:r-lek ...

Haben Sie das auch in Größe ...? | Finns den också i storlek ...?
finns denn ockso: i stu:rlek ...?

Haben Sie das auch in einer anderen Farbe? | Finns den också i en annan färg?
finns denn ockso: i enn annan färj?

‣ *Farben, S. 126*

Welches Material ist das? | Vilket material är det här?
wilket materi'a:l ä:r de: hä:r?

‣ *Stoffe, S. 125*

Kann ich das anprobieren? | Får jag prova den?
fo:r ja: pru:wa denn?

Info Schnäppchenjäger sollten auf die Schilder REA (Schlussverkauf) achten. In Schweden gelten dieselben Konfektionsgrößen wie in Deutschland.

Wo sind die Umkleidekabinen?	Var är provrummen? wa:r ä:r pru:w-rümmen?
Wo ist ein Spiegel?	Var finns en spegel? wa:r finns enn spe:gel?
Es steht mir nicht.	Den passar mig inte. denn passar mej inte.
Das ist mir zu ► ► groß. ► klein.	Den är för ► denn ä:r för ► ► stor. stu:r. ► liten. li:ten.
Das passt gut.	Den passar bra. denn passar bra:.

Stoffe

Baumwolle	bomull, -en bum'üll
Filz	filt, -en filt
Fleece	fleece, -n fli:s
Kaschmir	kaschmir, -en kasch'mi:r
Leder	läder, lädret lä:der
Leinen	linne, -t linne
Mikrofaser	mikrofiber, -n mikro-fi:ber
Naturfaser	naturfiber, -n na'tü:r-fi:ber
reine Schurwolle	ren ny ull re:n ny: üll
Schafwolle	fårull, -en fo:r-üll
Seide	siden, -et si:den

Synthetik	syntetmaterial, -et syn'te:t-materi'a:l
Wildleder	mokaskinn, -et mocka-schinn
Wolle	ull, -en üll

Farben

beige	beige be:sch
blau	blå blo:
braun	brun brü:n
bunt	färgglad färj-gla:d
dunkelblau	mörkblå mörk-blo:
dunkelrot	mörkröd mörk-rö:d
einfarbig	enfärgad e:n-färjad
gelb	gul gü:l
golden	guldfärgad güld-färjad
grau	grå gro:
grün	grön grö:n
hellblau	ljusblå jü:s-blo:
lila	lila li:la
pink	mörkrosa mörk-ro:sa
rosa	ljusrosa jü:s-ro:sa
rot	röd rö:d
schwarz	svart swart
silbern	silver silwer
türkis	turkos tür'ko:s
weiß	vit wi:t

Weitere Wörter

Anzug	kostym, -en kos'ty:m
Badeanzug	baddräkt, -en ba:d-dräkt
Badehose	badbyxor ba:d-byksur
Bademantel	badrock, -en ba:d-rock
BH	BH, -n be:ho:
Bikini	bikini, -n bi'ki:ni
Blazer	blazer, -n blejser
Bluse	blus, -en blü:s
Gürtel	bälte, -t bälte
Halstuch	halsduk, -en hals-dü:k
Handschuhe	handskar hand-skar
Hemd	skjorta, -n schu:rta
Hose	byxor byksur
Hut	hatt, -en hatt
Jacke	jacka, -n jacka
Jeans	jeans, -en ji:ns
Jogginganzug	träningsoverall, -en trä:nings-owerall
Jogginghose	joggingbyxor jogging-byksur
Kleid	klänning, -en klänning
Kostüm	kostym, -en kos'ty:m
Krawatte	slips, -en slips
kurz	kort kort
lang	lång long
Leggins	tajts taits

Mantel (Herren)	rock, -en rock
Mantel (Damen)	kappa, -n kappa
Mütze	mössa, -n mössa
Pullover	yttertröja, -n ytter-tröija
Regenjacke	regnjacka, -n regn-jacka
Regenmantel	regnkappa, -n regn-kappa
Reißverschluss	blixtlås, -et blikst-lo:s
Rock	kjol, -en chu:l
Sakko	kavaj, -en ka'wai
Schal	halsduk, -en hals-dü:k
Schlafanzug	pyjamas, -en py'ja:mas
Shorts	shorts, -en scho:rts
Slip (für Herren)	kalsong, -en kalsong
Slip (für Damen)	trosa, -n tru:sa
Socken	sockor sockur
Sonnenhut	solhatt, -en su:l-hatt
Strümpfe	strumpor strümpur
Strumpfhose	strumpbyxor strümp-byksur
T-Shirt	t-shirt, -en ti-schört
Unterhemd	undertröja, -n ünder-tröija
Unterwäsche	underkläder ünder-klä:der
Weste	väst, -en wäst

Schuhe

Ich möchte ein Paar ... **Jag skulle vilja ha ett par ...**
ja: skülle wilja ha: ett pa:r ...

Das könnten Sie hören:
Vilken skostorlek har du?
wilken sku:-stu:rlek ha:r dü:?
Welche Schuhgröße haben Sie?

Ich habe Schuhgröße ... **Jag har skostorlek ...**
ja: ha:r sku:-stu:rlek ...

Sie sind zu ► **De är för ►** domm ä:r fö:r ►
► groß. **► stora.** stu:ra.
► klein. **► små.** smo:.

Sie drücken hier. **De trycker här.**
domm trycker hä:r.

Weitere Wörter

Badeschuhe .... **badtofflor** ba:d-tofflur
Bergschuhe .... **vandrarskor** wandrar-sko:r
Einlegesohlen .... **inläggssulor** inn-läggs-'sü:lur
eng .... **trång** trong
Gummistiefel .... **gummistövlar** gümmi-stöwwlar
Halbschuhe .... **lågskor** lo:g-sku:r

Ledersohle	lädersula, -n lä:der-sü:la
Sandalen	sandaler san'da:ler
Schnürsenkel	skosnöre, -t sku:-snö:re
Schuhe	skor sku:r
Stiefel	stövlar stöwwlar
Turnschuhe	gymnastikskor jymna'sti:k-sku:r
Wanderschuhe	vandringsskor wandrings-sku:r

Souvenirs

Ich möchte ► — Jag skulle vilja ha ► ja: skülle wilja ha: ►

► ein hübsches Andenken. — ► en fin souvenir. enn fi:n suwe'ni:r.

► ein Geschenk. — ► en present. enn pre'sent.

► etwas Typisches aus dieser Gegend. — ► något som är typiskt för det här området. no:got som ä:r ty:piskt fö:r de: hä:r ommro:det.

Ist das Handarbeit? — Är det handgjort? ä:r de: hand-ju:rt?

Ist das ► — Är det ► ä:r de: ►

► antik? — ► antikt? an'ti:kt?

► echt? — ► äkta? äkta?

Weitere Wörter

Antiquität	antikvitet, -en antikwi'te:t
Becher	bägare, -n bä:gare
Decke	täcke, -t täcke
Geschirr	porslin, -et por'schli:n
Glashandwerk	glashantverk, -et gla:s-hant-werk
Gürtel	bälte, -t bälte
Handarbeit	handarbete, -t hand-arbe:te
handgemalt	handmålad hand-mo:lad
Handtasche	handväska, -n hand-wäska
Holzpferdchen (aus der Provinz Dalarna)	dalahäst, -en da:la-häst
Kanne	kanna, -n kanna
Kunsthandwerk	konsthantverk, -et konst-hant-werk
Leder	läder, lädret lä:der
Schmuck	smycke, -t smycke
Schüssel	skål, -en sko:l
Seidentuch	sidensjal, -en si:den-scha:l
Spitze	spets, -en spets
Steingut	stengods, -et ste:n-guds
Tasse	kopp, -en kopp
Tischdecke	duk, -en dü:k
Töpferware	keramik, -en chera'mi:k
Trinkschale	skål, -en sko:l
Zertifikat	certifikat, -et sertifi'ka:t

Drogerieartikel

allergiegetestet	**allergitestat** aller'gi:-testat
Babyfläschchen	**nappflaska, -n** napp-flaska
Binden	**bindor** bindur
Bürste	**borste, -n** borschte
COVID-19 (Antigen-)Schnelltest	**covid-19 (antigen) snabbtest, -et** kowid nitton (antigen) snabbtest
Deo	**deodorant, -en** deodo'rant
Duschgel	**duschkräm, -en** düsch-krä:m
feuchte Tücher	**våtservetter** wo:t-ser'wetter
Haargel	**hårgelé, -n** ho:r-sche'le:
Haarspray	**hårspray, -et** ho:r-sprej
Handcreme	**handkräm, -en** hand-krä:m
Händedesinfektionsgel	**Hånddesinfeksjonsgel, -en** hon desinfekschu:nsgel
Kajalstift	**kajalpenna, -n** ka'ja:l-penna
Kamm	**kam, -men** kamm
Kondome	**kondomer** kon'do:mer
Körperlotion	**kroppslotion, -en** kropps-'lo:schen
Kosmetiktücher	**pappershanddukar** pappersch-hand-dü:kar
Lichtschutzfaktor	**solskyddsfaktor, -n** su:l-schydds-faktor
(medizinische) Maske	**(medisinske) munskydd, -et** (medisi:nske) 'munn-chid
Mückenschutz	**myggskydd, -et** mygg-schydd

Nachtcreme	nattkräm, -en natt-krä:m
Nagelfeile	nagelfil, -en na:gel-fi:l
Nagellack	nagellack, -et na:gel-lack
Nagellackentferner	nagellacksborttagare, -n na:gel-lacks-bo:rt-ta:gare
Nagelschere	nagelsax, -en na:gel-saks
Papiertaschentücher	pappersnäsdukar pappersch-nä:s-dü:kar
Parfüm	parfym, -en par'fy:m
parfümfrei	parfymfri par'fym-fri:
Pflaster	plåster, plåstret ploster
Pinzette	pincett, -en pin'sett
Rasierklinge	rakblad, -et ra:k-bla:d
Rasierschaum	raklödder, raklöddret ra:k-lödder
Rouge	rouge, -t ru:sch
Schaumfestiger	hårmousse, -t ho:r-muss
Schnuller	napp, -en napp
Seife	tvål, -en two:l
Shampoo	schampo, -t schampo
Sonnencreme	solkräm, -en su:l-krä:m
Sonnenmilch	sollotion, -en su:l-'lo:schen
Spiegel	spegel, -n spe:gel
Tagescreme	dagkräm, -en da:g-krä:m
Tampons	tamponger tam'ponger
Toilettenpapier	toalettpapper, -pappret toa'lett-papper
Waschlappen	tvättlapp, -en twätt-lapp

Waschmittel	tvättmedel, -medlet twätt-me:del
Watte	bomull, -en bu:m'üll
Wattestäbchen	bomullstops, -en bu:m'ülls-tops
Wimperntusche	mascara, -n mas'ka:ra
Zahnbürste	tandborste, -n tand-borschte
Zahnpasta	tandkräm, -en tand-krä:m
Zahnseide	tandtråd, -en tand-tro:d
Zahnstocher	tandpetare, -n tand-pe:tare

Haushalt

Adapter	adapter, -n a'dapter
Alufolie	aluminiumfolie, -t alü'mi:nium-fu:lje
Batterie	batteri, -et batte'ri:
Besen	kvast, -en kwast
Brennspiritus	rödsprit, -en rö:d-spri:t
Bügeleisen	strykjärn, -et stry:k-jä:rn
Dosenöffner	burköppnare, -n bürk-öppnare
Eimer	hink, -en hink
Feuerzeug	tändare, -n tändare
Flaschenöffner	flasköppnare, -n flask-öppnare
Fleckenentferner	fläckborttagare, -n fläck-bo:rt-ta:gare
Föhn	fön, -en fö:n

Frischhaltefolie	plastfolie, -t plast-fu:lje
Gabel	gaffel, -n gaffel
Glas	glas, -et gla:s
Glühlampe	glödlampa, -n glö:d-lampa
Grillanzünder	grillvätska, -n grill-wätska
Grillkohle	grillkol, -en grill-ko:l
Insektenspray	insektsspray, -et in'sekts-sprej
Kerzen	ljus, -en jü:s
Korkenzieher	korkskruv, -en kork-skrü:w
Küchenrolle	hushållspapper, -pappret hü:s-holls-papper
Kühltasche	kylväska, -n chy:l-wäska
Löffel	sked, -en sche:d
Messer	kniv, -en kni:w
Moskitospirale	myggspiral, -en mygg-spi'ra:l
Nähgarn	sytråd, -en sy:-tro:d
Nähnadel	synål, -en sy:-no:l
Pfanne	stekpanna, -n ste:k-panna
Plastikbecher	plastbägare, -n plast-bä:gare
Plastikbesteck	plastbestick plast-be'stick
Plastikteller	plasttallrik, -en plast-tall'ri:k
Rasierapparat	rakapparat, -en ra:k-appa'ra:t
Reinigungsmittel	rengöringsmedel, -medlet re:n-jö:rings-me:del
Schere	sax, -en saks
Servietten	servetter ser'wetter

Sicherheitsnadel	**säkerhetsnål, -en** sä:kerhe:ts-no:l
Spülmittel	**diskmedel, -medlet** disk-me:del
Spültuch	**disktrasa, -n** disk-tra:sa
Streichhölzer	**tändstickor** tänd-stickur
Taschenlampe	**ficklampa, -n** fick-lampa
Taschenmesser	**fickkniv, -en** fick-kni:w
Tasse	**kopp, -en** kopp
Tauchsieder	**doppvärmare, -n** dopp-wä:rmare
Teller	**tallrik, -en** tall'ri:k
Thermosflasche	**termos, -en** termus
Topf	**gryta, -n** gry:ta
Verlängerungsschnur	**förlängningssladd, -en** för'längnings-sladd
Wäscheklammern	**klädnypor** klä:d-ny:pur
Wäscheleine	**tvättlina, -n** twätt-li:na
Waschpulver	**tvättmedel, -medlet** twätt-me:del
Wasserkocher	**vattenkokare, -n** watten-ku:kare
Wecker	**väckarklocka, -n** wäckar-klocka
Wischlappen	**dammtrasa, -n** damm-tra:sa

Optikfachgeschäft

Meine Brille ist kaputt.	**Mina glasögon har gått sönder.** mi:na gla:s-ö:gon ha:r gott sönder.
Können Sie das reparieren?	**Går det att laga?** go:r de: att la:ga?
Ich möchte eine Sonnenbrille.	**Jag skulle vilja köpa ett par solglasögon.** ja: skülle wilja chö:pa ett pa:r su:l-gla:s-ö:gon.
Ich brauche Eintageslinsen.	**Jag behöver endagslinser.** ja: be'hö:wer e:n-da:gs-linser.
Ich bin ▸ ▸ kurzsichtig. ▸ weitsichtig.	**Jag är ▸** ja: ä:r ▸ ▸ **närsynt.** nä:r-sy:nt. ▸ **långsynt.** long-sy:nt.

Das könnten Sie hören:

Hur många dioptrier har du?
hü:r monga diop'tri:er ha:r dü:?
Wie viel Dioptrien haben Sie?

Ich habe links ... Dioptrien und rechts ... Dioptrien.	**Jag har ... dioptrier på det vänstra och ... på det högra.** ja: ha: ... diop'tri:er po: de: wänstra o: ... po: de: hö:gra.
Ich habe eine Kontaktlinse ▸	**Jag har ▸ en kontaktlins.** ja: ha:r ▸ enn kon'takt-lins.

►verloren.	►**tappat** tappat
►kaputt gemacht.	►**gjort sönder** ju:rt sönder
Ich brauche Aufbewahrungslösung für ► Kontaktlinsen.	**Jag behöver linsvätska för ► kontaktlinser.** ja: be'hö:wer lins-wätska för ► kon'takt-linser.
►harte	►**hårda** ho:rda
►weiche	►**mjuka** mjü:ka
Ich brauche Reinigungslösung für ► Kontaktlinsen.	**Jag behöver rengöringsvätska för ► kontaktlinser.** ja: be'hö:wer re:n-jö:rings-wätska för ► kon'takt-linser.
►harte	►**hårda** ho:rda
►weiche	►**mjuka** mjü:ka

Tabakwaren

Eine Schachtel Zigaretten ► Filter, bitte.	**Ett paket cigaretter ► filter, tack.** ett pa'ke:t siga'retter ► filter, tack.
►mit	►**med** me:
►ohne	►**utan** ü:tan
Ein Päckchen ►, bitte.	**Ett paket ►, tack.** ett pa'ke:t ►, tack.

► Pfeifentabak	► **piptobak** pi:p-tu:bak
► Zigarettentabak	► **cigarettobak** siga'rett-tu:bak
Eine Schachtel ..., bitte.	**Ett paket ..., tack.** ett pa'ke:t ..., tack.
Eine Stange ..., bitte.	**En limpa ..., tack.** enn limpa ..., tack.
Ein Feuerzeug, bitte.	**En tändare, tack.** enn tändare, tack.
Einmal Streichhölzer, bitte.	**En ask tändstickor, tack.** enn ask tänd-stickur, tack.

Weitere Wörter

Aschenbecher	**askkopp, -en** ask-kopp
E-Zigarette	**e-cigarett, -en** e-siga'ret
Feuerzeug	**tändare, -n** tändare
Pfeife	**pipa, -n** pi:pa
Pfeifenreiniger	**piprensare, -n** pi:p-rensare
Streichhölzer	**tändstickor** tänd-stickor
Tabak	**tobak, -en** tu:bak
Zigaretten	**cigaretter** siga'retter
Zigarillos	**cigariller** siga'riller
Zigarren	**cigarrer** si'garrer

Aktivitäten

Sport & Wellness

Baden

Wo geht es zum Strand?	**Hur kommer jag till stranden?** hü:r kommer ja: till stranden?
Darf man hier baden?	**Får man bada här?** fo:r mann ba:da hä:r?
Gibt es hier Strömungen?	**Är det strömt här?** ä:r de: strömmt hä:r?
Ist es für Kinder gefährlich?	**Är det farligt för barn?** ä:r de: fa:rlit för ba:rn?
Wann ist ►	**När är det ►** nä:r ä:r de: ►
► Ebbe?	**► ebb?** ebb?
► Flut?	**► flod?** flu:d?
Gibt es hier Quallen?	**Finns det maneter här?** finns de: ma'ne:ter hä:r?
Ich möchte ► ausleihen.	**Jag skulle vilja hyra ►** ja: skülle wilja hy:ra ►
► einen Liegestuhl	**► en solstol.** enn su:l-stu:l.
► einen Sonnenschirm	**► ett parasoll.** ett para'soll.
► ein Boot	**► en båt.** enn bo:t.

Ich möchte einen ► machen. ► Tauchkurs ► Windsurfkurs	Jag skulle vilja göra en ► ja: skülle wilja jö:ra enn ► ► dykkurs. dy:k-kürsch. ► surfkurs. sürf-kürsch.
Wie viel kostet es pro ► ► Stunde? ► Tag?	Hur mycket kostar det per ► hü:r mycke kostar de: per ► ► timme? ti:mme? ► dag? da:g?
Können Sie kurz auf meine Sachen aufpassen?	Kan du hålla ett öga på mina saker ett litet tag? kann dü: holla ett ö:ga po: mi:na sa:ker ett li:tet ta:g?
Wo sind die ► ► Duschen? ► Umkleidekabinen?	Var finns ► wa:r finns ► ► duscharna? düscharna? ► omklädningskabinerna? omklä:dnings-'kabi:nerna?
Wo ist ►	Var är ► wa:r ä:r ►
► der Bademeister?	► badmästaren? ba:d-mästaren?
► die Erste-Hilfe-Station?	► första hjälpen-stationen? förschta 'jälpen-sta'schu:nen?

Weitere Wörter

baden	bada ba:da
Bootsverleih	båtuthyrning, -en bo:t-ü:t-hy:rning
Dusche	dusch, -en düsch
Ebbe	ebb, -en ebb
fischen	fiska fiska
FKK-Strand	nudiststrand, -en nü'dist-strand
Flut	flod, -en flu:d
Kitesurfen	kite surfing, -en kait sürfing
Luftmatratze	luftmadrass, -en lüft-ma'drass
Meer	hav, -et ha:w
Motorboot	motorbåt, -en mu:tor-bo:t
Muscheln	musslor müsslur
Nichtschwimmer	ej simkunnig ej simm-künnig
Rettungsring	livboj, -en li:w-boj
Ruderboot	roddbåt, -en rudd-bo:t
Sand	sand, -en sand
Sandstrand	sandstrand, -en sand-strand
Schatten	skugga, -n skü:gga
Schlauchboot	gummibåt, -en gümmi-bo:t
Schnorchel	snorkel, -n snorkel
Schwimmbad	bad, -et ba:d
schwimmen	simma simma
Schwimmflossen	simfötter simm-fö:tter

Schwimmflügel	simkuddar simm-küddar
See	sjö, -n schö:
Seeigel	sjöborre, -n schö:-borre
Segelboot	segelbåt, -en se:gel-bo:t
segeln	segla se:gla
Sonne	sol, -en su:l
Sonnenbrille	solglasögon su:l-gla:s-ö:gon
Sonnencreme	solkräm, -en su:l-krä:m
Spielwiese	lekplats, -en le:k-plats
Sprungbrett	hoppbräda, -n hopp-brä:da
Strand	strand, -en strand
Strandbad	strandbad, -et strand-ba:d
Strandkorb	strandkorg, -en strand-korj
Sturmwarnung	stormvarning, -en storm-wa:rning
Surfbrett	surfbräda, -n sürf-brä:da
tauchen	dyka dy:ka
Taucheranzug	dykardräkt, -en dy:kar-dräckt
Taucherausrüstung	dykutrustning, -en dy:k-ü:t-rüstning
Taucherbrille	dykglasögon dy:k-gla:s-ö:gon
Tretboot	trampbåt, -en tramp-bo:t
Umkleidekabine	omklädningsrum, -met omklä:dnings-rümm
Wasser	vatten, vattnet watten
Wasserball	vattenpolo, -n watten-pulo
Wasserski	vattenskidor watten-schi:dur
Welle	våg, -en wo:g

Wellness

Gibt es hier ►	**Finns det ► här?** finns de: ► hä:r?
► eine Therme?	► **något spa** no:got spa:
► eine Sauna?	► **någon bastu** no:gon bastü
► ein Fitnessstudio?	► **något gym** no:got jymm
Ich hätte gerne einen Termin für ...	**Jag skulle vilja beställa en tid till ...** ja: skülle wilja be'ställa enn ti:d till ...
Machen Sie Gesichtsmassagen?	**Har ni ansiktsmassage?** ha:r ni: ansikts-mas'sa:sch?
Ich hätte gerne eine Gesichtsbehandlung.	**Jag skulle gärna vilja ha en ansiktsbehandling.** ja: skülle jä:rna wilja ha: enn ansikts-behandling.
Ich möchte mir die ► färben lassen.	**Jag skulle vilja färga ►** ja: skülle wilja färja ►
► Wimpern	► **ögonfransarna.** ö:gon-fransarna.
► Augenbrauen	► **ögonbrynen.** ö:gon-bry:nen.
Bitte eine ►	**En ►, tack.** enn ►, tack.
► Maniküre.	► **manikyr** mani'ky:r
► Pediküre.	► **pedikyr** pedi'ky:r

Weitere Wörter

Akupunktur	akupunktur, -en acku-punk'tü:r
Aromaöl	aromaolja, -n a'ro:ma-olja
Ayurveda	ayurveda ajur-we:da
Dampfbad	ångbad, -et ong-ba:d
Dekolleté	dekolletage, -t dekoll'ta:sch
Entschlackung	fastekur, -en faste-'kü:r
Fango	fango fango
Feuchtigkeitsmaske	fuktighetsmask, -en füktighe:ts-mask
Fußreflexzonen-massage	fotreflexzonmassage, -en fu:t-reflex-su:n-mas'sa:sch
Gesicht	ansikte, -t ansikte
Hals	hals, -en hals
Lymphdrainage	lymfdränage, -t lymf-drä'na:sch
Maske	mask, -en mask
Massage	massage, -en mas'sa:sch
Meditation	meditation, -en medita'schu:n
Packung	inpackning, -en inpackning
Peeling	peeling, -en pi:ling
Reinigung	rengöring, -en re:n-jö:ring
Sauna	bastu, -n bastü
Schlammbad	lerbad, -et le:r-ba:d
Solarium	solarium, solariet so'la:riüm

Thermalbad	termalbad, -et ter'ma:l-ba:d
Wechselbäder	växelbad, -et wäksel-ba:d
Whirlpool	bubbelpool, -en bübbel-pu:l
Yoga	yoga jo:ga

Ballspiele

Darf ich mitspielen?
Får jag vara med och spela? fo:r ja: wa:ra me: o: spe:la?

Wir hätten gern einen ▸ für eine Stunde.
Vi skulle gärna vilja hyra en ▸ i en timme. wi: skülle jä:rna wilja hy:ra enn ▸ i enn timme.

▸ Tennisplatz — ▸ tennisbana tennis-ba:na

▸ Badmintonplatz — ▸ badmintonbana bädminton-ba:na

Wo kann man hier ▸ spielen?
Var kan man ▸ någonstans? wa:r kann mann ▸ no:gon-stans?

▸ Bowling — ▸ bowla bowwla

▸ Billard — ▸ spela biljard spe:la bil'ja:rd

Ich möchte ... ausleihen.
Jag skulle vilja hyra ... ja: skülle wilja hy:ra ...

Weitere Wörter

Ball	boll, -en boll
Basketball	basketboll, -en ba:sket-boll
Beachvolleyball	beachvolleyboll, -en bi:tch-wolle:-boll
Boule-Kugel	bouleklot, -et bu:l-klu:t
Federball (Spiel)	badminton, - bädminton
Federballschläger	badmintonracket, -en bädminton-racket
Fußball (Ball)	fotboll, -en fu:t-boll
Fußballplatz	fotbollsplan, -en fu:t-bolls-plan
Fußballspiel	fotbollsspel, -et fu:t-bolls-spe:l
gewinnen	vinna winna
Golfplatz	golfbana, -n golf-ba:na
Handball	handboll, -en hand-boll
Kegelbahn	bowlingbana, -n bowwling-ba:na
kegeln	bowla bowwla
Mannschaft	lag, -et la:g
Minigolfplatz	minigolfbana, -n minigolf-ba:na
Sieg	seger, -n se:ger
Spiel	spel, -et spe:l
spielen	spela spe:la
Spielplatz	lekplats, -en le:k-plats

Squash	squash, -en skwosch
Squashschläger	squashracket, -en skwosch-racket
Tennisschläger	tennisracket, -en tennis-racket
Tischtennis	bordtennis, -en bu:rd-tennis
Tor	mål, -et mo:l
unentschieden	oavgjort u:a:w-jurt
verlieren	förlora för'lu:ra
Volleyball	volleyboll, -en wolle:-boll

Wandern

Ich möchte nach ... wandern.
Jag skulle vilja vandra till ...
ja: skülle wilja wandra till ...

Ich möchte auf den ... steigen.
Jag skulle vilja bestiga ...
ja: skülle wilja be'sti:ga ...

Können Sie mir eine ► Tour empfehlen?
► leichte
► mittelschwere
Skulle du kunna rekommendera en ► tur? skülle dü: künna rekommen'de:ra enn ► tü:r?
► lätt lätt
► medelsvår me:del-swo:r

Wie lange dauert sie ungefähr?
Hur lång tid tar den ungefär?
hü:r long ti:d ta:r denn ünje'fä:r?

Info In Schweden gilt das allemansrätt allemanns-'rätt (Jedermannsrecht), das jedem den freien Zugang zur Natur garantiert. Dies bedeutet, dass jeder im Wald abseits vom Weg gehen darf. Unbewohnte Grundstücke darf man betreten und auch dort zelten, solange man der Natur oder anderen Menschen keinen Schaden zufügt und keinen Müll hinterlässt.

Ist der Weg gut ►	Är vägen väl ► ä:r wä:gen vä:l ►
► markiert?	► markerad? mar'ke:rad?
► gesichert?	► säker? sä:ker?
Kann man unterwegs einkehren?	Finns det något värdshus på vägen? finns de: no:got wärds-hü:s po: wägen?
Gibt es geführte Touren?	Finns det guidade turer? finns de: gaidade tü:rer?
Um wie viel Uhr fährt die letzte Bahn hinunter?	När åker den sista banan ner? nä:r o:ker denn sista ba:nan ne:r?
Sind wir auf dem richtigen Weg nach ...?	Är vi på rätt väg till ...? ä:r wi: po: rätt wä:g till ...?
Wie weit ist es noch bis ...?	Hur långt är det kvar till ...? hü:r longt ä:r de: kwa:r till ...?

Weitere Wörter

Berg	berg, -et berj
Bergführer(in)	bergguide, -n berj-gaid
Bergwacht	bergsvakt, -en berjs-wackt
Fjord	fjord, -en fjurd
Gipfel	topp, -en topp
Hütte	stuga, -n stü:ga
klettern	klättra klättra
Proviant	matsäck, -en ma:t-säck
Schlucht	gap, -et ga:p
Schutzhütte	skyddsstuga, -n schydds-stü:ga
schwindelfrei sein	inte ha svindel inte ha: swindel
Seil	lina, -n li:na
Seilbahn	linbana, -n li:n-ba:na
Sessellift	sittlift, -en sitt-lift
Steigeisen	stegjärn, -et ste:g-jä:rn
Teleskopstöcke	vandringsstavar wandrings-sta:war
Wanderkarte	vandringskarta, -n wandrings-ka:rta
wandern	vandra wandra
Wanderschuhe	vandringsskor wandrings-sku:r
Wanderweg	vandringsled, -en wandrings-le:d

Rad fahren

Ich möchte ein ► mieten. ► Fahrrad ► Mountainbike ► E-Bike	Jag skulle vilja hyra en ► ja: skülle wilja hy:ra enn ► ► cykel. syckel. ► mountainbike. maunten-baik. ► elcykel. elsyckel.
Ich hätte gern ein Fahrrad mit ... Gängen.	Jag skulle gärna vilja ha en cykel med ... växlar. ja: skülle jä:rna wilja ha: enn syckel me: ... wäkslar.
Haben Sie auch ein Fahrrad mit Rücktritt?	Har du också cyklar med fotbroms? ha:r dü: ockso: sycklar me: fu:t-broms?
Ich möchte es für ► mieten. ► einen Tag ► zwei Tage ► eine Woche	Jag skulle vilja hyra den i ► ja: skülle wilja hy:ra denn i ► ► en dag. enn da:g. ► två dagar. two: da:gar. ► en vecka. enn wecka.
Bitte stellen Sie mir die Sattelhöhe ein.	Var snäll och ställ in sadelhöjden åt mig. wa:r snäll o: ställ inn sa:del-höjden o:t mej.
Bitte geben Sie mir einen Fahrradhelm.	Var snäll och ge mig en cykelhjälm. wa:r snäll o: je: mej enn syckel-jälm.

Kann ich einen Kinderfahrradsitz ausleihen?
Kan jag få hyra en barnsits?
kann ja: fo: hy:ra enn ba:rn-sits?

Haben Sie eine Fahrradkarte?
Har du en cykelkarta?
ha:r dü: enn syckel-ka:rta?

Weitere Wörter

Akku ..... **batteri, -et** pbateri:
Fahrradflickzeug ..... **punkteringssats, -en** pünk'te:rings-sats
Fahrradkorb ..... **cykelkorg, -en** syckel-korj
Handbremse ..... **handbroms, -en** hand-broms
Kinderfahrrad ..... **barncykel, -n** ba:rn-syckel
Kindersitz ..... **barnsits, -en** ba:rn-sits
Lampe ..... **lampa, -n** lampa
Licht ..... **ljus, -et** jü:s
Luftpumpe ..... **pump, -en** pümp
Radweg ..... **cykelväg, -en** syckel-wä:g
Reifen ..... **hjul, -et** jü:l
Reifenpanne ..... **punktering, -en** pünk'te:ring
Rücklicht ..... **bakljus, -et** ba:k-jü:s
Sattel ..... **sadel, -n** sa:del
Satteltaschen ..... **sadelväska, -n** sa:del-wäska
Schlauch ..... **slang, -en** slang
Tacho ..... **fartsmåler** fartsmo:ler

Ventil .... ventil, -en wen'ti:l
Vorderlicht .... framljus, -et framm-jü:s

Adventure-Sports

Ausritt .... hästtur, -en häst-tür
Ballonfahrt .... luftballongfärd, -en lüft-ballong-färd
Bungee-Jumping .... bungyjump, - bangi-jamp
Drachenfliegen .... drakflygning, -en dra:k-fly:gning
Fallschirmspringen .... fallskärmshoppning, -en fall-schärms-hoppning
Freeclimbing .... friklättring, -en fri:-klättring
Gleitschirmfliegen .... skärmflygning, -en; flyga paragliding schärm-fly:gning; fly:ga para-glaiding
Kajak .... kajak, -en ka'ja:k
Kanu .... kanot, -en ka'nu:t
Kitesurfen .... kite surfing, -en kait sürfing
Rafting .... forsränning, -en forsch-ränning
reiten .... rida ri:da
Segelfliegen .... segelflygning, -en se:gel-fly:gning
Segelflugzeug .... segelflygplan, -en se:gel-fly:g-pla:n
segeln .... segla se:gla

Besichtigungen

Touristikinformation

Wo ist die Touristikinformation?	**Var ligger turistinformationen?** wa:r ligger türist-informa'schu:nen?
Ich möchte ►	**Jag skulle vilja ha ►** ja: skülle wilja ha: ►
► einen Plan von der Umgebung.	**► en karta över omgivningen.** enn ka:rta ö:wer om-ji:wningen.
► einen Stadtplan.	**► en stadskarta.** enn stads-ka:rta.
► einen U-Bahn-Plan.	**► en karta över tunnelbanenätet.** enn ka:rta ö:wer tünnel-ba:ne-nä:tet.
► einen Veranstaltungskalender.	**► en evenemangskalender.** enn ewene'mangs-ka'lender.
Haben Sie auch Prospekte auf Deutsch?	**Har ni broschyrer på tyska också?** ha:r ni: bro'schy:rer po: tyska ockso:?
Gibt es ►	**Finns det ►** finns de: ►
► Stadtrundfahrten?	**► stadsrundturer?** stads-ründ-tü:rer?
► Stadtführungen?	**► guidade stadsturer?** gaidade stads-tü:rer?

Was kostet die Rundfahrt?	**Hur mycket kostar rundturen?** hü:r mycke kostar ründ-tü:ren?
Wie lange dauert die Führung?	**Hur lång tid tar den guidade turen?** hü:r long ti:d ta:r denn gaidade tü:ren?
Bitte ▸ für die Stadtrundfahrt.	▸ **till stadsrundturen, tack.** ▸ till stads-ründ-tü:ren, tack.
▸ eine Karte	▸ **En biljett** enn bill'jett
▸ zwei Karten	▸ **Två biljetter** two: bill'jetter
Welche Sehenswürdigkeiten gibt es hier?	**Vilka sevärdheter finns det här?** wilka se:wärdhe:ter finns de: hä:r?
Wann ist ... geöffnet?	**När är ... öppet?** nä:r ä:r ... öppet?
Bitte für den Ausflug morgen nach ... zwei Plätze.	**Två platser till utflykten i morgon till ..., tack.** two: platser till ü:t-flykten i morron till ..., tack.
Wann treffen wir uns?	**När träffas vi?** nä:r träffas wi:?
Wo treffen wir uns?	**Var träffas vi?** wa:r träffas wi:?
Besichtigen wir auch ...?	**Tittar vi på ... också?** tittar wi: po: ... ockso:?

Besichtigungen

Wie viel kostet ►	**Hur mycket kostar ►** hü:r mycke kostar ►
► der Eintritt?	► **inträdet?** inn-trä:det?
► die Führung?	► **visningen?** wi:sningen?
Gibt es auch Führungen auf Deutsch?	**Finns det visningar på tyska också?** finns de: wi:sningar po: tyska ockso:?
Wann beginnt die Führung?	**När börjar visningen?** nä:r börjar wi:sningen?
Gibt es eine Ermäßigung für ►	**Finns det rabatt för ►** finns de: ra'batt fö:r ►
► Familien?	► **familjer?** fa'mi:ljer?
► Kinder?	► **barn?** ba:rn?
► Senioren/-innen?	► **seniorer?** sen'ju:rer?
► Studierende?	► **studenter?** stü'denter?
Eine Karte bitte.	**En biljett, tack.** enn bill'jett, tack.
Zwei Karten bitte.	**Två biljetter, tack.** two: bill'jetter, tack.
Zwei Erwachsene, zwei Kinder, bitte.	**Två vuxna, två barn, tack.** two: wüksna, two: ba:rn, tack.

Haben Sie einen ►	Har du en ► ha:r dü: enn ►
► Katalog?	► katalog? kata'lo:g?
► Führer?	► guidebok? gaid-bu:k?
Ich hätte gern einen Audioguide ►	Jag skulle gärna vilja ha en audioguide ► ja: skülle jä:rna wilja ha: enn audio-gaid ►
► auf Deutsch.	► på tyska. po: tyska.
► auf Englisch.	► på engelska. po: engelska.
Darf man fotografieren?	Får man fotografera? fo:r mann futogra'fe:ra?
Können Sie bitte ein Foto von ► machen?	Kan du vara snäll och ta ett kort av ► kann dü: wara snäll o: ta ett kurt a:w ►
► mir	► mig? mej?
► uns	► oss? oss?
Was für ein ► ist das?	Vad är det för ► wa:d ä:r de: fö:r ►
► Gebäude	► en byggnad? enn byggnad?
► Denkmal	► ett minnesmärke? ett minnes-märke?

Weitere Wörter

Abtei .... **abbotskloster, -klostret** abbots-klosster
Altstadt .... **gamla stan** gammla sta:n
Arkaden .... **arkad, -en** ar'ka:d
Ausflugsboot .... **utflyktsbåt, -en** ü:t-flykts-bo:t
Ausgrabungen .... **utgrävning, -en** ü:t-gräwning
Aussicht .... **utsikt, -en** ü:t-sickt
Ausstellung .... **utställning, -en** ü:t-ställning
Berg .... **berg, -et** berj
Bildhauer .... **skulptör, -en** skülp'tö:r
Botanischer Garten .... **botaniska trädgården** bo'ta:niska träd-go:rden
Brücke .... **bro, -n** bru:
Brunnen .... **brunn, -en** brünn
Burg .... **borg, -en** borj
Büste .... **byst, -en** byst
Decke .... **tak, -et** ta:k
Denkmal .... **minnesmärke, -t** minnes-märke
Dom .... **domkyrka, -n** du:m-chy:rka
Felsritzungen .... **hällristningar** häll-ristningar
Festung .... **fästning, -en** fästning
filmen .... **filma** filma
Flohmarkt .... **loppmarknad, -en** lopp-marknad

Fluss	flod, -en flu:d
Freilichtmuseum	friluftsmuseum, -museet fri:-lüfts-mü'se:üm
Fremdenführer(in)	reseledare, -n re:se-le:dare
Fresko	fresk, -en fresk
Friedhof	kyrkogård, -en chyrko-go:rd
Fußgängerzone	gågata, -n go:-ga:ta
Galerie	galleri, -et galle'ri:
Garten	trädgård, -en träd-go:rd
Gebäude	byggnad, -en byggnad
Gebirge	bergskedja, -n berjs-che:dja
Gedenkstätte	minnesplats, -en minnes-plats
Gegend	område, -t ommro:de
Gemälde	tavla, -n ta:wla
Gemäldesammlung	konstsamling, -en konst-sammling
Gewölbe	valv, -et walw
Glockenspiel	klockspel, -et klock-spe:l
Glockenturm	klocktorn, -et klock-tu:rn
Gottesdienst	gudstjänst, -en güds-schänst
Grab	grav, -en gra:w
Hafen	hamn, -en hamn
Halbinsel	halvö, -n halw-ö:
Hauptstadt	huvudstad, -en hü:wüd-sta:d
Haus	hus, -et hü:s
Heimatmuseum	hembygdsmuseum, -museet hemm-bygds-mü'se:üm
Hof	gård, -en go:rd

Höhle	grotta, -n grotta
Hügel	kulle, -n külle
Innenstadt	innerstad, -en inner-sta:d
Inschrift	inskrift, -en inn-skrift
Insel	ö, -n ö:
Jahrhundert	århundrade, -t o:r-'hündrade
Kapelle	kapell, -et ka'pell
Kathedrale	katedral, -en kate'dra:l
keltisch	keltisk keltisk
Kirche	kyrka, -n chyrka
Kirchturm	kyrktorn, -et chyrk-tu:rn
Kloster	kloster, klostret klosster
König	kung, -en küng
Königin	drottning, -en drottning
Kreuz	kors, -et korsch
Kreuzgang	korsgång, -en korsch-gong
Kunst	konst, -en konst
Künstler(in)	konstnär, -en konst'nä:r
Kuppel	kupol, -en kü'po:l
Landschaft	landskap, -et land-ska:p
Maler(in)	målare, -n mo:lare
Malerei	måleri, -et mo:le'ri:
Markt	marknad, -en ma:rknad
Markthalle	saluhall, -en sa:lü-hall
Marmor	marmor, -n marmor
Mauer	mur, -en mü:r

Mausoleum	**mausoleum, mausoleet** mauso'le:üm
Mittelalter	**medeltid, -en** me:del-ti:d
Mosaik	**mosaik, -en** mosa'i:k
Moschee	**moské, -n** mos'ke:
Mühle	**kvarn, -en** kwa:rn
Museum	**museum, museet** mü'se:üm
Nationalpark	**nationalpark, -en** natschu'na:l-park
Naturschutzgebiet	**naturreservat, -et** natü:r-reser'wa:t
Opernhaus	**opera, -n** u:pera
Orgel	**orgel, -n** orjel
Original	**original, -et** orgi'na:l
Palast	**palats, -et** pa'lats
Park	**park, -en** park
Plakat	**plakat, -et** pla'ka:t
Platz	**plats, -en** plats
Portal	**portal, -en** por'ta:l
Porträt	**porträtt, -et** por'trätt
Poster	**affisch, -en** a'fisch
Prospekt	**broschyr, -en** bro'schy:r
Rathaus	**rådhus, -et** ro:d-hü:s
Relief	**relief, -en** reli'eff
restauriert	**restaurerad** restau're:rad
Ruine	**ruin, -en** rü'i:n
Runensteine	**runstenar** rü:n-ste:nar

Saal	sal, -en sa:l
Sammlung	samling, -en sammling
Sandstein	sandsten, -en sand-ste:n
Säule	pelare, -n pe:lare
Schärenküste	skärgård, -en schä:r-go:rd
Schatzkammer	skattkammare, -n skatt-kammare
Schifffahrtsmuseum	sjörfartsmuseum, -museet schö:-fa:rts-mü'se:üm
Schloss	slott, -et slott
Schlucht	ravin, -en ra'wi:n
Schnitzerei	snideri, -et snide'ri:
See (Binnengewässer)	sjö, -n schö:
Sehenswürdigkeiten	sevärdheter se:-wärdhe:ter
Seilbahn	linbana, -n li:n-ba:na
Skulptur	skulptur, -en skülp'tü:r
Stadion	stadion, - sta:dion
Stadt	stad, -en sta:d
Stadtmauer	stadsmur, -en stads-mü:r
Stadtteil	stadsdel, -en stads-de:l
Stadttor	stadsport, -en stads-pu:rt
Stausee	uppdämd sjö üppdämmd schö:
Sternwarte	observatorium, observatoriet obserwa'to:rium
Synagoge	synagoga, -n sy:na'go:ga

Tal	dal, -en da:l
Tempel	tempel, templet tempel
Töpferei	krukmakeri, -et krü:k-ma:ke'ri
Tor	port, -en pu:rt
Tropfsteinhöhle	droppstensgrotta, -n dropp-ste:ns-grotta
Turm	torn, -et tu:rn
Überreste	lämningar lämningar
Umgebung	omgivning, -en om'ji:wning
Universität	universitet, -et üniwerschi'te:t
Volkskundemuseum	etnografiskt museum etno'gra:fiskt mü'se:üm
Vulkan	vulkan, -en wül'ka:n
Wald	skog, -en sku:g
Wallfahrtsort	vallfärdsort, -en wall-färds-u:rt
Wandmalerei	väggmålning, -en wägg-mo:lning
Wappen	vapen, vapnet wa:pen
Wasserfall	vattenfall, -et watten-fall
Werk	verk, -et werk
Wikinger	viking, -en wi:king
Wikingerschiff	vikingaskepp, -et wi:kinga-schepp
Zeichnung	teckning, -en teckning
Zoo	zoo, - so:

Unterhaltung

Kulturveranstaltungen

Welche Veranstaltungen finden diese Woche statt?	**Vilka evengemang äger rum denna vecka?** wilka ewene'mang ä:ger rümm denna wecka?
Was wird heute gespielt?	**Vad spelas i dag?** wa:d spe:las i da:g?
Wann beginnt ►	**När börjar ►** nä:r börjar ►
► die Vorstellung?	**► föreställningen?** före-'ställningen?
► das Konzert?	**► konserten?** kon'sä:ren?
► der Film?	**► filmen?** filmen?
Ab wann ist Einlass?	**När börjar insläppet?** nä:r börjar inn-släppet?
Sind die Plätze nummeriert?	**Är det numrerade platser?** ä:r de: nüm're:rade platser?
Haben Sie noch Karten für ►	**Finns det fortfarande biljetter till ►** finns de: fu:rt-fa:rande bill'jetter till ►
► heute?	**► i dag?** i da:g?
► morgen?	**► i morgon?** i morron?

Bitte zwei Karten für ►	Två biljetter till ►, tack. two: bill'jetter till ►, tack.
► heute.	► i dag i da:g
► heute Abend.	► i kväll i kwäll
► morgen.	► i morgon i morron
► die Vorstellung um ... Uhr.	► föreställningen klockan ... före-'ställningen klockan ...
Wie viel kostet eine Karte?	Hur mycket kostar en biljett? hü:r mycke kostar enn bill'jett?
Gibt es eine Ermäßigung für ►	Har ni rabatt för ► ha:r ni: ra'batt fö:r ►
► Kinder?	► barn? ba:rn?
► Senioren/-innen?	► seniorer? sen'ju:rer?
► Studierende?	► studenter? stü'denter?
Wann ist die Vorstellung zu Ende?	När slutar föreställningen? nä:r slü:tar före-'ställningen?

Weitere Wörter

Ballett	balett, -en ba'lett
Festspiele	festspel fest-spe:l
Folkloreabend	folklorkväll, -en fol'klor-kwäll
Freilichtbühne	utomhusscen, -en ü:tom-hü:s-'se:n

Garderobe	garderob, -en garde'ro:b
Kasse	kassa, -n kassa
Kino	bio(graf), -(e)n bio('gra:f)
Konzert	konsert, -en kon'sä:r
Musical	musikal, -en müsi'ka:l
Oper	opera, -n u:pera
Operette	operett, -en upe'rett
Orchester	orkester, -n or'kester
Pause	paus, -en paus
Platz	plats, -en plats
synchronisiert	dubbad dübbad
Theater	teater, -n te'a:ter
Untertitel	text, -en tekst
Zirkus	cirkus, -en sirküs

Ausgehen

Was kann man hier abends unternehmen?	Vad finns det att göra här på kvällen? wa:d finns de: att jö:ra hä:r po: kwällen?
Gibt es hier ►	Finns det ► här? finns de: ► hä:r?
► eine nette Kneipe?	► någon trevlig pub no:gon tre:wli püb
► einen angesagten Club?	► någon populär klubb? no:gon popülär klüb?

Wo kann man hier tanzen gehen?	Var kan man gå och dansa någonstans? wa:r kann mann go: o: dansa no:gon-stans?
Ist hier noch frei?	Är det ledigt här? ä:r de: le:dit hä:r?
Darf ich Sie | dich zu einem Glas Wein einladen?	Får jag bjuda dig på ett glas vin? fo:r ja: bjü:da dej po: ett gla:s wi:n?
Darf ich Sie | dich (zu einem Drink) einladen?	Får jag bjuda dig (på en drink)? fo:r ja: bjü:da dej (po: enn drink)?
Was möchten Sie | möchtest du trinken? ‣ *Essen & Trinken, S. 95*	Vad vill du dricka? wa:d will dü: dricka?
Das Gleiche noch mal, bitte.	En likadan till, tack. enn li:kadan till, tack.
Tanzen Sie | Tanzt du mit mir?	Vill du dansa med mig? will dü: dansa me: mej?
Können Sie mir ein Taxi rufen?	Kan du ringa efter en taxi åt mig? kann dü: ringa efter enn taksi o:t mej?

Gut zu wissen

Notruf

Hilfe!	Hjälp! jälp!
Es ist ein Unfall passiert!	Det har hänt en olycka! de: ha:r hännt enn u:lycka!
Rufen Sie bitte einen ▸ ▸ Krankenwagen! ▸ Notarzt!	Var snäll och ring efter en ▸ wa:r snäll o: ring efter enn ▸ ▸ ambulans! ambü'lans! ▸ jourläkare! schu:r-lä:kare!
Bitte helfen Sie!	Snälla hjälp! snälla jälp!
... Personen sind (schwer) verletzt.	... personer är (allvarligt) skadade. ... per'schuner ä:r (all-wa:rlit) ska:dade.
Ich möchte mitkommen.	Jag vill följa med. ja: will följa me:.

Info Unter der Notrufnummer 112 erreicht man in Schweden die Gesellschaft SOS Alarm, die den Einsatz von Feuerwehr (brandkår brand-ko:r) und Ambulanzen (ambulans ambü'lans) koordiniert. In weniger dringenden Fällen sollte man die Nummer 113 13 oder 114 14 für die Polizei (polis po'lis) wählen. Die Notfallaufnahme heißt akuten a'küten.

Polizei

Wo ist das nächste Polizeirevier?	**Var ligger närmaste polisstation?** wa:r ligger närmaste po'li:s-sta'schu:n?
Ich möchte ► anzeigen.	**Jag skulle vilja anmäla ►** ja: skülle wilja ann-mä:la ►
► einen Diebstahl	► **en stöld.** enn stöld.
► einen Überfall	► **ett överfall.** ett ö:wer-fall.
► eine Vergewaltigung	► **en våldtäkt.** enn wold-täckt.
Man hat mir ► gestohlen.	**Jag har blivit bestulen på min ►** ja: ha:r bli:wit be'stü:len po: minn ►
► meine Handtasche	► **handväska.** hand-wäska.
► mein Portemonnaie	► **portmonnä.** port-mon'nä:.
Ich habe ... verloren.	**Jag har blivit av med ...** ja: ha:r bli:wit a:w me: ...
Mein Auto ist aufgebrochen worden.	**Det har blivit inbrott i min bil.** de: ha:r bli:wit inn-brott i: minn bi:l.
Ich bin ► worden.	**Jag har blivit ►** ja: ha:r bli:wit ►
► betrogen	► **lurad.** lü:rad.
► zusammengeschlagen	► **misshandlad.** miss'handlad.

Ich brauche eine Bescheinigung für meine Versicherung.	Jag behöver ett intyg för mitt försäkringsbolag. ja: be'hö:wer ett inn-ty:g för mitt för'schä:krings-bu:la:g.
Ich möchte mit ▸ sprechen.	Jag skulle vilja tala med ▸ ja: skülle wilja ta:la me: ▸
▸ meinem Anwalt/ meiner Anwältin	▸ min advokat. minn adwo'ka:t.
▸ meinem Konsulat	▸ mitt konsulat. mitt konsü'la:t.
Ich bin unschuldig.	Jag är oskyldig. ja: ä:r u:schyldi.

Das könnten Sie hören:

Var vänlig och fyll i det här formuläret.
wa:r wänli o: fyll i: de: hä:r formü'lä:ret.
Füllen Sie bitte dieses Formular aus.

Din legitimation, tack.
dinn legitima'schu:n, tack.
Ihren Ausweis bitte.

När inträffade det?
nä:r inn-träffade de:?
Wann ist es passiert?

Var inträffade det?
wa:r inn-träffade de:?
Wo ist es passiert?

Var vänlig och vänd dig till ditt konsulat.
wa:r wänli o: wänd dej till ditt konsü'la:t.
Wenden Sie sich bitte an Ihr Konsulat.

Weitere Wörter

Anzeige	anmälan, - ann-mä:lan
belästigen	ofreda u:freda
Botschaft	ambassad, -en ambass'a:d
Dieb(in)	tjuv, -en schü:w
Falschgeld	förfalskade pengar för'falskade pengar
Fundbüro	hittegodsavdelning, -en hitte-gu:ds-a:w-de:lning
Navigationsgerät	navigationsapparat, -en naviga'schu:ns-appa'rat
Polizei	polis, -en po'li:s
Polizist	polis, -en po'li:s
Polizistin	poliskvinna po'li:skinna
Rauschgift	narkotika, -n nar'ko:tika
Taschendieb(in)	ficktjuv, -en fick-schü:w
Unfall	olycka, -n u:lycka
verhaften	anhålla ann-holla
Zeuge, Zeugin	vittne, -t wittne

Gesundheit

Apotheke

Wo ist die nächste Apotheke (mit Nachtdienst)?	**Var ligger närmaste (nattöppna) apotek?** wa:r ligger närmaste (natt-öppna) apo'te:k?
Haben Sie etwas gegen ...? ▸ *Krankheiten, S. 189*	**Har du något mot ...?** ha:r dü: no:got mu:t ...?
Ich brauche dieses Medikament.	**Jag behöver det här läkemedlet.** ja: be'hö:wer de: hä:r lä:ke-me:dlet.
Eine kleine Packung genügt.	**Det räcker med ett litet paket.** de: räcker me: ett li:tet pa'ke:t.
Wie muss ich es einnehmen?	**Hur ska jag ta det?** hü:r ska: ja: ta: de:?

Info Apotheken (**apotek** apo'tek) gehören in Schweden fast immer zu einer der acht großen Apothekenketten, z. B. Apoteket AB, DocMorris apotek oder Kronans Droghandel. Die Öffnungszeiten sind ähnlich wie in Deutschland: von morgens ca. 9 Uhr bis nachmittags ca. 16 Uhr bzw. in der Stadt oft auch bis 20 Uhr.

Das könnten Sie hören:

Det här läkemedlet är receptbelagt.
de: hä:r lä:ke-me:dlet ä:r re'sept-be'lagt.
Dieses Medikament ist rezeptpflichtig.

Det har vi inte här.
de: ha:r vi: inte hä:r.
Das haben wir nicht da.

Vi måste beställa det.
wi: moste be'ställa de:.
Wir müssen es bestellen.

Wann kann ich es abholen?
När kan jag hämta det?
nä:r kann ja: hämmta de:?

Medikamente

Abführmittel	laxermedel lak'se:r-me:del
Antibiotikum	antibiotikum anti-bi'o:tiküm
Augentropfen	ögondroppar ö:gon-droppar
Beruhigungsmittel	lugnande medel lügnade me:del
Desinfektionsmittel	desinfektionsmedel desinfek'schu:ns-me:del
Elastikbinde	elastisk binda e'lastisk binda

fiebersenkendes Mittel	**febernedsättande medel** fe:ber-ne:dsättande me:del
Fieberthermometer	**febertermometer** fe:ber-termu'me:ter
Halsschmerztabletten	**halstabletter** hals-tab'letter
homöopathisch	**homeopatisk** hu:meo'pa:tisk
Hustensaft	**hostmedicin** hu:st-medi'si:n
Insulin	**insulin** insü'li:n
Jod	**jod** jodd
Kohletabletten	**koltabletter** ko:l-tab'letter
Kondome	**kondomer** kon'do:mer
Kopfschmerztabletten	**huvudvärkstabletter** hü:wüd-wärks-tab'letter
Kreislaufmittel	**blodtrycksmedicin** blu:d-trycks-medi'si:n
Magentabletten	**magtabletter** ma:g-tab'letter
Mittel gegen ...	**medicin mot ...** medi'si:n mu:t ...
Mullbinde	**gasbinda** ga:s-binda
Nasentropfen	**näsdroppar** nä:s-droppar
Ohrentropfen	**örondroppar** ö:ron-droppar
Pflaster	**plåster** ploster
Rezept	**recept** re'sept
Salbe gegen Mückenstiche	**salva mot myggbett** salwa mu:t mygg-bett
Salbe gegen Sonnenallergie	**salva mot solallergi** salwa mu:t su:l-aller'gi:

Schlaftabletten	**sömntabletter** sömn-tabletter
Schmerzmittel	**smärtstillande medicin** smärt-stillande medi'si:n
Spritze	**spruta** sprü:ta
Tabletten gegen …	**tabletter mot …** tab'letter mu:t …
Tropfen	**droppar** droppar
Verbandszeug	**förbandsartiklar** för'bands-ar'tiklar
Wundsalbe	**sårsalva** so:r-salwa
Zäpfchen	**stolpiller** stu:l-piller

Arzt

Können Sie mir einen ► empfehlen?	**Kan du rekommendera en ►** kann dü: rekommen'de:ra enn ►
► praktischen Arzt	**► allmänläkare?** allmän-lä:kare?
► Zahnarzt	**► tandläkare?** tand-lä:kare?
Spricht er/sie ►	**Pratar han/hon ►** pra:tar hann/hunn ►
► Deutsch?	**► tyska?** tyska?
► Englisch?	**► engelska?** engelska?
Wo ist die Praxis?	**Var ligger praktiken?** wa:r ligger prak'ti:ken?
Wann ist die Sprechstunde?	**När är mottagningstid?** nä:r ä:r mu:t-'ta:gnings-ti:d?

Info Im Schwedischen wird sprachlich kein Unterschied zwischen Arzt und Ärztin gemacht. Falls Sie betonen wollen, dass Sie zu einer Ärztin wollen, setzen Sie kvinnlig kwinnli (weiblich) vor das Wort für Arzt (läkare lä:kare).

Kann er/sie herkommen?	Kan han/hon komma hit? kann hann/hunn komma hi:t?
Ich habe ►	Jag har ► ja: ha:r ►
► Kopfschmerzen.	► huvudvärk. hü:wüd-wärk.
► Halsschmerzen.	► halsont. hals-u:nt.
► Fieber.	► feber. fe:ber.
► hohes Fieber.	► hög feber. hö:g fe:ber.
► eine Grippe.	► influensa. inflü'ensa.
► Durchfall.	► diaré. dia're:.
Ich bin (stark) erkältet.	Jag är (väldigt) förkyld. ja: ä:r (wä:ldit) för-'chy:ld.
Mir ist schwindelig.	Jag har yrsel. ja: ha:r yrschel.
Mir tut ... weh. ► Körperteile, S. 187	Det gör ont i ... de: jö:r u:nt i ...
Mir tun ... weh.	Det gör ont i ... de: jö:r u:nt i ...
Hier habe ich Schmerzen.	Här har jag ont. hä:r ha:r ja: u:nt.

Ich habe mich (mehrmals) übergeben.	**Jag har kräkts (flera gånger).** ja: ha:r krä:kts (flera gonger).
Ich habe mir den Magen verdorben.	**Jag har ont i magen.** ja: ha:r u:nt i ma:gen.
Ich bin ohnmächtig geworden.	**Jag har svimmat.** ja: ha:r swimmat.
Ich kann ... nicht bewegen.	**Jag kan inte röra på ...** ja: kann inte rö:ra po: ...
Ich habe mich verletzt.	**Jag har gjort illa mig.** ja: ha:r ju:rt illa mej.
Ich bin gestürzt.	**Jag har ramlat.** ja: ha:r rammlat.
Ich bin von ... gestochen worden.	**Jag har blivit stucken av ...** ja: ha:r bli:wit stücken a:w ...
Ich bin von ... gebissen worden.	**Jag har blivit biten av ...** ja: ha:r bli:wit bi:ten a:w ...
Ich bin (nicht) gegen ... geimpft.	**Jag är (inte) vaccinerad mot ...** ja: ä:r (inte) waksi'ne:rad mu:t ...
Ich bin allergisch gegen Penizillin.	**Jag är allergisk mot penicillin.** ja: ä:r a'llergisk mu:t pennisi'li:n.

Mein Kind ist allergisch gegen Milchprodukte.	Mitt barn är allergiskt mot mjölkprodukter. mitt ba:rn ä:r a'llergiskt mu:t mjölk-pro'dükter.
Ich habe einen ▸ Blutdruck. ▸ hohen ▸ niedrigen	Jag har ▸ blodtryck. ja: ha:r ▸ blu:d-tryck. ▸ högt högt ▸ lågt lo:gt
Ich habe einen Herzschrittmacher.	Jag har en pacemaker. ja: ha:r enn pejs-mejker.
Ich bin (im ... Monat) schwanger.	Jag är gravid (i ... månaden). ja: ä:r gra'wi:d (i ... mo:naden).
Ich bin Diabetiker(in).	Jag har diabetes. ja: ha:r dia'be:tes.
Ich nehme regelmäßig diese Medikamente.	Jag tar de här medicinerna regelbundet. ja: ta:r domm hä:r medi'si:nerna regel-bündet.

Das könnten Sie hören:

Vad har du för besvär?
wa:d ha:r dü: fö:r be'swä:r?
Was für Beschwerden haben Sie?

Var gör det ont?
wa:r jö:r de: u:nt?
Wo haben Sie Schmerzen?

Gör det ont?
jö:r de: u:nt?
Tut das weh?

Sträck ut tungan.
sträck ü:t tüngan.
Zeigen Sie die Zunge.

Var snäll och ta av dig på överkroppen.
wa:r snäll o: ta: a:w dej po: ö:wer-kroppen.
Bitte machen Sie den Oberkörper frei.

Vi måste röntga dig.
wi: moste röntga dej.
Wir müssen Sie röntgen.

Andas in djupt. Håll andan.
andas inn jü:pt. holl andan.
Atmen Sie tief ein. Atem anhalten.

Hur länge har du haft de här besvären?
hü:r länge ha:r dü: haft domm hä:r be'swä:ren?
Wie lange haben Sie diese Beschwerden schon?

Är du vaccinerad mot ...?
ä:r dü: waksi'ne:rad mu:t ...?
Sind Sie gegen ... geimpft?

Du måste opereras.
dü: moste ope're:ras.
Sie müssen operiert werden.

Det är inget allvarligt.
de: ä:r inget allwa:lit.
Es ist nichts Ernstes.

Var snäll och kom tillbaka i morgon igen.
wa:r snäll o komm till'ba:ka i morron i'jenn.
Kommen Sie morgen wieder.

Var snäll och kom tillbaka om ... dagar igen.
wa:r snäll o komm till'ba:ka omm ... da:gar i'jenn.
Kommen Sie in ... Tagen wieder.

Können Sie mir ein Attest ausstellen?
Skulle jag kunna få en attest?
skülle ja: künna fo: enn a'ttest?

Muss ich noch einmal kommen?
Måste jag komma hit igen?
moste ja: komma hi:t i'jenn?

Ich brauche eine Quittung für meine Versicherung.
Jag behöver ett kvitto till mitt försäkringsbolag.
ja: be'hö:wer ett kwitto till mitt för'schä:krings-bu:la:g.

Ärzte

Arzt	**läkare** lä:kare
Ärztin	**kvinnlig läkare** kwinnli lä:kare
Augenarzt	**ögonläkare** ö:gon-lä:kare
Frauenarzt	**gynekolog** jynneko'lo:g
Frauenärztin	**kvinnlig gynekolog** kwinnli jynneko'lo:g
Hals-Nasen-Ohren-Arzt	**öron-näsa-halsläkare** ö:ron-nä:sa-hals-lä:kare
Hautarzt	**hudläkare** hü:d-lä:kare
Heilpraktiker	**naturläkare** na'tü:r-lä:kare
Internist	**invärtesläkare** innwärtes-lä:kare
Kinderarzt	**barnläkare** ba:rn-lä:kare
Orthopäde	**ortoped** orto'pe:d
Urologe	**urolog** üro'lo:g
Zahnarzt	**tandläkare** tand-lä:kare

Krankenhaus

Spricht hier jemand ▸	**Talar någon här ▸** ta:lar no:gon hä:r ▸
▸ Deutsch?	▸ **tyska?** tyska?
▸ Englisch?	▸ **engelska?** engelska?

Ich möchte mit einem Arzt/einer Ärztin sprechen.	**Jag skulle vilja prata med en läkare/kvinnlig läkare.** ja: skülle wilja pra:ta me: enn lä:kare/kwinnli lä:kare.
Ich möchte mich lieber in Deutschland operieren lassen.	**Jag vill hellre bli opererad i Tyskland.** ja: will hellre bli: ope're:rad i tyskland.
Ich habe eine Versicherung für den Rücktransport.	**Jag har en försäkring för transporten hem.** ja: ha:r enn för-'schä:kring fö:r trans'porten hemm.
Bitte benachrichtigen Sie meine Familie.	**Var snäll och informera min familj.** wa:r snäll o: infor'me:ra mi:n fa'mi:lj.
Geben Sie mir bitte etwas ▸	**Var snäll och ge mig något ▸** wa:r snäll o: je: mej no:got ▸
▸ gegen die Schmerzen.	▸ **mot smärtan.** mu:t smä:rtan.
▸ zum Einschlafen.	▸ **så att jag kan somna.** so: att ja: kann somna.
Entschuldigung, können Sie mir bitte helfen?	**Ursäkta, kan du vara snäll och hjälpa mig?** ü:r'schäckta, kann dü: wa:ra snäll o: jälpa mej?

Körperteile

Bandscheibe	disk, -en disk
Bauch	mage, -n ma:ge
Becken	bäcken, bäcknet bäcken
Blase	blåsa, -n blo:sa
Blinddarm	blindtarm, -en blind-tarm
Blut	blod, -et blu:d
Bronchien	luftrör lüft-rör
Brust	bröst, -et bröst
Darm	tarm, -en tarm
Galle	gallblåsa, -n gall-blo:sa
Gehirn	hjärna, -n jä:rna
Gelenk	led, -en le:d
Gesäß	bak, -en ba:k
Geschlechtsorgane	könsorgan chö:ns-or'gan
Gesicht	ansikte, -t ann-sikte
Haut	hud, -en hü:d
Herz	hjärta, -t jä:rta
Hüfte	höft, -en höft
Kniescheibe	knäskål, -en knä:-sko:l
Knöchel	ankel, -n ankel
Knochen	ben, -et be:n
Körper	kropp, -en kropp
Leber	lever, -n le:wer
Lunge	lunga, -n lünga
Magen	magsäck, -en ma:g-säck
Mandeln	halsmandlar hals-mandlar

Muskel	muskel, -n müskel
Nacken	nacke, -n nacke
Nebenhöhle	bihåla, -n bi:-ho:la
Nerv	nerv, -en nerw
Niere	njure, -n njü:re
Ohr	öra, -t ö:ra
Rippe	revben, -et re:w-be:n
Rücken	rygg, -en rygg
Schienbein	skenben, -et sche:n-be:n
Schilddrüse	sköldkörtel, -n schöld-'chörtel
Schleimhaut	slemhinna, -n slemm-'hinna
Schlüsselbein	nyckelben, -et nyckel-be:n
Schulter	axel, -n aksel
Sehne	sena, -n se:na
Stirn	panna, -n panna
Stirnhöhle	bihåla, -n bi:-ho:la
Wade	vad, -en wa:d
Wirbel	ryggkota, -n rygg-ku:ta
Wirbelsäule	ryggrad, -en rygg-ra:d
Zahn	tand, -en tand
Zehe	tå, -n to:
Zunge	tunga, -n tünga

Krankheiten, Beschwerden

Abszess	abscess, -en ab'sess
Aids	aids ejds
Allergie	allergi, -n aller'gi:
Angina	halsfluss, -en hals-flüss
ansteckend	smittsam smittsamm
Asthma	astma, -n astma
Atembeschwerden	andningsbesvär andnings-be'swä:r
Ausschlag	utslag, -et ü:t-sla:g
Bänderriss	ledbandsruptur, -en le:d-bands-rüp'tü:r
Bänderzerrung	sensträckning, -en se:n-sträckning
Bindehaut-entzündung	bindhinneinflamation, -en bind-hinne-inn-flamma'schu:n
Biss	bett, -et bett
Blase	blåsa, -n blo:sa
Blasenentzündung	urinblåseinflammation, -en ü'ri:n-blo:se-inn-flamma'schu:n
Blinddarm-entzündung	blindtarmsinflammation, -en blind-tarms-inn-flamma'schu:n
Blutung	blödning, -en blö:dning
Blutvergiftung	blodförgiftning, -en blu:d-för'jiftning

bösartiger Tumor	elakartad tumör e:lak-a:rtad tü'mö:r
Bronchitis	luftrörskatarr, -en lüft-rörsch-ka'tarr
Bypass	bypassoperation, -en bai-pass-opera'schu:n
Coronavirus, COVID-19	coronavirus, COVID-19 koronavi:res, kowid nitton
Diabetes	diabetes, -en dia'be:tes
Durchfall	diaré, -n dia're:
Entzündung	inflammation, -en inn-flamma'schu:n
Erbrechen	kräkning, -en krä:kning
Erkältung	förkylning, -en för-chy:lning
Fieber	feber, -n fe:ber
Gallensteine	gallsten gall-ste:n
gebrochen	bruten brü:ten
Gehirnerschütterung	hjärnskakning, -en jä:rn-ska:kning
Geschlechts-krankheit	könssjukdom, -en chö:ns-schü:kdu:m
Geschwür (Haut)	böld, -en böld
Grippe	influensa, -n inflü'ensa
gutartiger Tumor	godartad tumör, -en go:d-a:rtad tu'mö:r
Hämorriden	hemorrojder hemor'rojder
Herpes	herpes, -en herpes

Herzanfall	**hjärtattack, -en** jä:rt-attack
Herzfehler	**hjärtfel, -et** jä:rt-fe:l
Herzinfarkt	**hjärtinfarkt, -en** jä:rt-in'farkt
Herzschrittmacher	**pacemaker, -n** pejs-mejker
Heuschnupfen	**hösnuva, -n** hö:-snü:wa
Hexenschuss	**ryggskott, -et** rygg-skott
Hirnhaut-entzündung	**hjärnhinneinflammation, -en** jä:rn-hinne-inn-flamma'schu:n
hoher Blutdruck	**högt blodtryck** högt blu:d-tryck
Husten	**hosta, -n** hu:sta
Infektion	**infektion, -en** infek'schu:n
Ischias	**ischias, -en** ischias
Keuchhusten	**kikhosta, -n** chi:k-hu:sta
Kinderlähmung	**polio, -n** polio
Kolik	**kolik, -en** ko'li:k
Krampf	**kramp, -en** kramp
Krankheit	**sjukdom, -en** schü:kdu:m
Krebs	**cancer, -n** kanser
Kreislaufstörungen	**circulationsrubbningar** sirküla'schu:ns-rübbningar
Lebensmittel-vergiftung	**matförgiftning, -en** ma:t-för'jiftning
Leistenbruch	**ljumskbråck, -et** jümsk-brock
Lungenentzündung	**lunginflammation, -en** lüng-inn-flamma'schu:n

Magengeschwür	magsår, -et ma:g-so:r
Magenschmerzen	magont, - ma:g-u:nt
Malaria	malaria, -n ma'la:ria
Mandelentzündung	halsmandelinflammation, -en hals-mandel-inn-flamma'schu:n
Masern	mässling, -en mässling
Migräne	migrän, -en mi'grä:n
Mittelohr-entzündung	öroninflammation, -en ö:ron-inn-flamma'schu:n
Mumps	påssjuka, -n po:s-'schü:ka
Muskelzerrung	muskelsträckning, -en müskel-sträckning
Nasenbluten	näsblod, -et nä:s-blu:d
Neuralgie	neuralgi, -n newral'gi:
niedriger Blutdruck	lågt blodtryck lo:gt blu:d-tryck
Nierensteine	njursten njü:r-ste:n
Pilzinfektion	svampinfektion, -en swamp-infek'schu:n
Prellung	kontusion, -en kontü'schu:n
Reisekrankheit	rörelsesjuka, -n rö:relse-schü:ka
Rheuma	reumatism, -en reuma'tism
Röteln	röda hund rö:da hünd
Salmonellen-vergiftung	salmonellainfektion, -en salmo'nella-infek'schu:n
Scharlach	scharlakansfeber, -n scha:rlaka:ns-fe:ber

Scheiden-entzündung	**inflammation i slidan** inn-flamma'schu:n i sli:dan
Schlaganfall	**slaganfall, -et** sla:g-an'fall
Schnupfen	**snuva, -n** snü:wa
Schock	**chock, -en** schock
Schüttelfrost	**frossa, -n** frossa
Schweißausbruch	**svettning, -en** swettning
Schwellung	**svullnad, -en** swüllnad
Schwindel	**yrsel, -n** yrschel
Sodbrennen	**halsbränna, -n** hals-bränna
Sonnenbrand	**solbränna, -n** su:l-bränna
Sonnenstich	**solsting, -et** su:l-sting
Stich (Mücke)	**sting, -et** sting
Tetanus	**stelkramp, -en** ste:l-kramp
Übelkeit	**illamående, -t** illa-mo:ende
Verbrennung	**brännskada, -n** bränn-ska:da
Verletzung	**skada, -n** ska:da
verrenkt	**vrickat** wrickat
verstaucht	**stukat** stü:kat
Verstopfung	**förstoppning, -en** för'stoppning
Windpocken	**vattkoppor** watt-koppur
Wunde	**sår, -et** so:r
Zeckenbiss	**fästingbett, -et** fästing-bett

COVID-19

Wo ist das nächste Corona-Testzentrum?	**Var ligger närmaste corona-testcenter?** wa:r ligger närmaste koronatestsenter
Ich benötige einen COVID-19 (Antigen-) Schnelltest / PCR-Test	**Jag behöver ett covid-19-(antigen-) snabbtest /PCR-test** ja: be'hö:wer ett kowid nitton (antigen) snabbtest / pe-tse-er-test

Zahnarzt

Dieser Zahn hier tut weh.	**Den här tanden gör ont.** denn hä:r tanden jö:r u:nt.
Der Zahn ist abgebrochen.	**Tanden har gått av.** tanden ha:r gott a:w.
Ich habe eine ► verloren. ► Füllung ► Krone	**Jag har blivit av med en ►** ja: ha:r bli:wit a:w me: enn ► ► **fyllning.** fyllning. ► **krona.** kru:na.
Können Sie den Zahn provisorisch behandeln?	**Kan du behandla tanden provisoriskt?** kann dü: be'handla tanden prowi'so:riskt?

Den Zahn bitte nicht ziehen.	Dra inte ut tanden. dra: inte ü:t tanden.
Geben Sie mir bitte eine Spritze.	Skulle jag kunna få en spruta? skülle ja: künna fo: enn sprü:ta?
Geben Sie mir bitte keine Spritze.	Jag vill inte ha någon spruta. ja: will inte ha: no:gon sprü:ta.
Können Sie diese Prothese reparieren?	Kan du reparera den här protesen? kann dü: repa're:ra denn hä:r pro'te:sen?

Das könnten Sie hören:

Du behöver en fyllning.
dü: be'hö:wer enn fyllning.
Sie brauchen eine Füllung.

Jag måste dra ut tanden.
ja: moste dra: ü:t tanden.
Ich muss den Zahn ziehen.

Var god och skölj nogrannt.
va:r gu:d o: schölj nu:grannt.
Bitte gut spülen.

Du får inte äta på två timmar.
dü: fo:r inte ä:ta po: two: timmar.
Bitte zwei Stunden nichts essen.

Weitere Wörter

Gebiss	löständer lö:s-tänder
Inlay	fyllning, -en fyllning
Karies	karies ka:ries
Kiefer	käke, -n chä:ke
Kunststofffüllung	fyllning av kompositmaterial fyllning a:w komposi:t-materi'a:l
Nerv	nerv, -en nerw
Parodontose	tandlossning, -en tand-lossning
Provisorium	provisorium, provisoriet prowi'so:rium
Weisheitszahn	visdomstand, -en wi:sdu:ms-tand
Wurzel	rot, -en ru:t
Wurzelbehandlung	rotbehandling, -en ru:t-be'handling
Zahn	tand, -en tand
Zahnfleisch	tandkött, -et tand-chött
Zahnfleisch-entzündung	tandköttsinflammation, -en tand-chötts-inn-flamma'schu:n
Zahnspange	tandställning, -en tand-ställning
Zahnstein	tandsten, -en tand-ste:n

Bank

Entschuldigen Sie bitte, wo ist hier ►	Ursäkta, var finns det ► i närheten? ü:r'schäckta, wa:r finns de: ► i när-he:ten?
► eine Bank?	► en bank enn bank
► ein Geldautomat?	► en bankomat enn banko'ma:t
Wo kann ich Geld wechseln?	Var någonstans kan jag växla pengar? wa:r no:gon-stans kann ja: wäxla pengar?
Ich möchte ... Euro umtauschen.	Jag skulle vilja växla ... euro. ja: skülle wilja wäksla ... ewro.
Ich möchte ... Schweizer Franken umtauschen.	Jag skulle vilja växla ... schweiziska franc. ja: skülle wilja wäksla ... schwejt'siska frang.
Wie hoch sind die Gebühren?	Hur mycket betalar man i avgift? hü:r mycke be'ta:lar mann i a:w-jift?

Das könnten Sie hören:

Din legitimation, tack.
dinn legitima'schu:n, tack.
Ihren Ausweis bitte.

Hur vill du ha pengarna?
hü:r will dü: ha: pengarna?
Wie möchten Sie das Geld haben?

In kleinen Scheinen, bitte.
I små valörer, tack.
i smo: wa'lö:rer, tack.

Der Geldautomat hat meine Karte einbehalten.
Bankomaten behöll mitt kort.
banko'ma:ten be'höll mitt kurt.

Ich habe meine Geheimzahl vergessen.
Jag har glömt min pinkod.
ja: ha:r glömmt minn pinn-ko:d.

Weitere Wörter

Banküberweisung	**banköverföring, -en** bank-ö:wer-'föring
Betrag	**belopp, -et** be'lopp
kontaktlos	**kontaktlöst** kontaktlös
EC-Karte	**elektronkort, -et** elek'tron-kurt
Geld	**pengar** pengar

Kartennummer	**kortnummer, -numret** kurt-nümmer
Kreditkarte	**kreditkort, -et** kre'di:t-kurt
Kurs	**kurs, -en** kürsch
Münze	**mynt, -et** mynt
Schalter	**disk, -en** disk
Überweisung	**överföring, -en** ö:wer-'fö:ring
Unterschrift	**underskrift, -en** ünder-skrift
Währung	**valuta, -n** wa'lü:ta
Wechselstube	**växelkontor, -et** wäksel-kon'tu:r

Post

Wo ist ►	**Var ligger ►** wa:r ligger ►
► die nächste Post?	**► närmaste post?** närmaste post?
► der nächste Briefkasten?	**► närmaste brevlåda?** närmaste bre:w-lo:da?
Was kostet eine Karte nach ...?	**Hur mycket kostar det att skicka ett kort till ...?** hü:r mycke kostar de: att schicka ett kurt till ...?
Fünf Briefmarken zu ... bitte.	**Fem frimärken för ..., tack.** femm fri:märken för ..., tack.

Ich möchte diesen Brief (per Express) aufgeben.	Jag vill posta det här brevet (per expresspost), tack. ja: will posta de: hä:r bre:wet (per eks'press-post), tack.

Info Briefmarken (frimärken fri:-märken) können Sie auf der Post (posten posten), im Zeitungskiosk (pressbyrån press-'byron) und manchmal auch im Supermarkt kaufen. Dort und in den meisten Geschäften mit Schalterbedienung stellt man sich nicht einfach an, sondern muss eine Nummer (nummerlapp) ziehen und warten, bis man aufgerufen wird.

Ich möchte dieses Paket per ► aufgeben.	Jag vill posta det här paketet med ► ja: will posta de: hä:r pa'ke:tet me: ►
►Luftpost	►luftpost. lüft-post.
►Seepost	►sjöpost. schö:-post.

Telefon, Internet

Wo kann ich hier telefonieren?	Var kan jag ringa någonstans? wa:r kann ja: ringa no:gon-stans?

Ich möchte eine SIM-Karte kaufen.	Jag vill gärna köpa ett SIM-kort. ja: will jä:rna chö:pa ett simm-kurt.
Ich hätte gerne eine Prepaid-Karte.	Jag skulle gärna vilja ha ett kontantkort. ja: skülle jä:rna wilja ha: ett kon'tant-kurt.
Ich möchte mein Guthaben aufladen.	Jag vill gärna ladda mitt kontantkort. ja: will jä:rna ladda mitt kon'tant-kurt.
Hallo? Hier ist ...	Hallå? Det här är ... hallo? de: hä:r ä:r ...
Ich möchte ... sprechen.	Jag skulle vilja tala med ... ja: skülle wilja ta:la me: ...

Das könnten Sie hören:

... är tyvärr inte inne.
... ä:r ty'värr inte inne.
... ist leider nicht da.

Vänta i telefon, är du snäll.
wänta i tele'fo:n, ä:r dü: snäll.
Bitte bleiben Sie am Apparat.

Wo gibt es kostenlosen WLAN-Zugang?	Var finns det gratis WI-FI? wa:r finns de: gra:tis wai-fai?

Welchen Computer kann ich benutzen?	**Vilken dator kan jag använda?** wilken da:tur kann ja: ann-wända?
Können Sie mir bitte helfen?	**Kan du hjälpa mig, är du snäll?** kann dü: jälpa mej, ä:r dü: snäll?
Bitte ändern Sie die Spracheinstellung auf ►	**Var snäll och ändra språkinställningen till ►** wa:r snäll o: ändra spro:k-in-'ställningen till ►
►Deutsch.	►**tyska.** tyska.
►Englisch.	►**engelska.** engelska.
Ich möchte etwas ►	**Jag skulle vilja ► något.** ja: skülle wilja ► no:got.
►ausdrucken.	►**skriva ut** skri:wa ü:t
►scannen.	►**scanna** skanna
Die Internet-verbindung funktioniert nicht.	**Uppkopplingen till internet fungerar inte.** üpp-kopplingen till internet fünge:rar inte.
Der Computer ist abgestürzt.	**Datorn har slutat fungera.** da:turn ha:r slü:tat fün'ge:ra.

Weitere Wörter

Akku	**uppladdningsbar batteri** üpp-laddnings-b:ar batte'ri:
aufladen	**ladda** ladda
Benutzername	**användarnamn, -et** användar-namn
Handy	**mobiltelefon, -en** mo'bi:l-tele'fo:n
Handynummer	**mobiltelefonnummer, -numret** mo'bi:l-tele'fo:n-nümmer
Ladegerät	**laddare, -n** laddare
Ladekabel	**laddningssladd, -en** laddnings-sladd
Mobiltelefon	**mobiltelefon, -en** mo'bi:l-tele'fo:n
Passwort	**lösenord, -et** lösen-u:rd
SMS	**sms, -et** es-em-es
Telefon	**telefon, -en** tele'fo:n
Telefonnummer	**telefonnummer, -numret** tele'fo:n-nümmer

Reisewörterbuch

Deutsch–Schwedisch

Es gibt im schwedischen zwei Genera: Utrum (gemeinsame Form für Maskulinum und Femininum) und Neutrum. Im Reisewörterbuch wie auch in den Wortlisten geben wir zu jedem Substantiv den bestimmten Artikel an, -(e)n für Utrum und -(e)t für Neutrum. Er wird jeweils an das Wort angehängt.

A

Abend kväll, -en kwäll
Abendessen middag, -en mid-da:g
abends på kvällen po: kwällen
aber men menn
Abfahrt avgång, -en a:w-gong
Abflug avgång, -en a:w-gong
Abgase avgaser, -na a:w-ga:ser
abholen hämta hämmta
abreisen avresa a:w-re:sa
Abschleppwagen bärgningsbil, -en bärjnings-bi:l
Abteil *(Zug)* kupé, -n kü'pe:
Adapter adapter, -n a'dappter
ähnlich lik li:k
Akku uppladdningsbar batteri üpp-laddnings-ba:r batte'ri:
alle alla *pl* alla
allein ensam e:nsam
Allergie allergi, -n aller'gi:
alles allt *n* allt
alt gammal gammal
Alter ålder, -n older
Altstadt gamla stan gammla sta:n
Ampel trafikljus, -et tra'fi:k-jü:s
an *(örtliche Lage)* vid wi:d; *(Richtung)* till till

Andenkenladen souvenirbutik, -en suwe'ni:r-bü'ti:k
andere andra *pl* andra
anderes annat *n* annat
Ankunft ankomst, -en ann-kommst
Anlegestelle *(Schiff)* kajplats, -en kai-plats
Anmeldung anmälan,– ann-mä:lan
Anschluss anslutning, -en ann-slü:tning
Anschlussflug anslutningsflyg, -et ann-slü:tnings-fly:g
Ansichtskarte vykort, -et wy:-kurt
anstatt i stället för i stället fö:r
ansteckend smittande smittande
Antibiotikum antibiotikum, -et anti'bio:tiküm
antik antik an'ti:k
Antiquität antikvitet, -en antikwi'te:t
Antwort svar, -et swa:r
Anzahlung handpenning, -en hand-penning
Anzug kostym, -en kos'ty:m
Apfel äpple, -t äpple
Apfelsaft äppeljuice, -n äppel-ju:s
Apotheke apotek, -et apo'te:k
April april a'pri:l
arbeiten jobba jobba
arm fattig fatti
Arm arm, -en arm
Armband armband, -et arm-band
Arzt läkare, -n lä:kare
Ärztin kvinnlig läkare kwinnli lä:kare
Aschenbecher askkopp, -en ask-kopp
Aubergine aubergine, -n o:ber'schi:n
auch också ockso:
Aufenthalt uppehåll, -et üppe-holl
aufhören sluta slü:ta
aufladen ladda ladda
Aufzug hiss, -en hiss
Augenarzt ögonläkare ö:gon-lä:kare

Augentropfen ögondroppar, -na *pl* ö:gon-droppar
August augusti au'güsti
Ausflug utflykt, -en ü:t-flykt
Ausflugsboot utflyktsbåt, -en ü:t-flykts-bo:t
Ausgang utgång, -en ü:t-gong
Auspuff avgasrör, -et a:w-ga:s-rör
Aussicht utsikt, -en ü:t-sickt
aussteigen stiga av sti:ga a:w
Ausstellung utställning, -en ü:t-ställning
Ausverkauf rea, -n re:a
ausverkauft utsåld ü:t-sold
auswechseln byta ut by:ta ü:t
Ausweis legitimationskort, -et legitima'schu:ns-kurt
Auto bil, -en bi:l
Autobahn motorväg, -en mu:tor-wä:g
Autofähre bilfärja, -n bi:l-färja
Autovermietung biluthyrning bi:l-üt:-'hyrning

B

Baby baby, -n bejbi
Babyfläschchen nappflaska, -n napp-flaska
Bäckerei bageri, -et bage'ri:
Bad bad, -et ba:d
Badeanzug baddräkt, -en ba:d-dräkt
Badehose badbyxor, -na *pl* ba:d-byksur
Bademantel badrock, -en ba:d-rock
Badewanne badkar, -et ba:d-ka:r
Badezimmer badrum, -met ba:d-rümm
Badminton badminton,– bädminton
Bahnhof järnvägsstation, -en jä:rn-wä:gs-sta'schu:n
Bahnsteig plattform, -en platt-form
bald snart sna:rt
Ball boll, -en boll
Ballett balett, -en ba'lett
Banane banan, -en ba'na:n
Bank *(Geldinstitut)* bank, -en bank; *(Sitzplatz)* bänk, -en bänk

bar kontant kon'tant
Bart skägg, -et schägg
Basilikum basilika, -n ba'si:lika
Basketball basketboll, -en ba:sket-boll
Bauch mage, -n ma:ge
Baum träd, -et trä:d
Baumwolle bomull, -en bum'üll
Beanstandung reklamation, -en reklama'schu:n
Becher bägare, -n bä:gare
Bedienung *(Service)* betjäning, -en be'schä:ning
beenden avsluta a:w-slü:ta
beginnen börja börja
begleiten följa med följa me:
Begleitperson stödperson, -en stö:d-per'scho:n
behindert handikappad handi-kappad
behindertengerecht handikappvänlig handikapp-wä:nli
beide båda bo:da
beige beige be:sch
Beilage tillbehör, -et till-be'hö:r
Bein ben, -et be:n
Beispiel exempel, -exemplet ek'sempel
belästigen ofreda u:freda
bequem bekväm be-'kwä:m
Berg berg, -et berj
Bergwacht fjällräddning fjäll-räddning
Beruf yrke, -t yrke
berühmt berömd be-'römmd
Besen kvast, -en kwast
besetzt upptaget üpp-ta:get
besichtigen titta på titta po:
Besteck bestick, -et be-'stick
bestellen beställa be-'ställa
besuchen besöka be-'sö:ka
Betrag belopp, -et be-'lopp
Bett säng, -en säng
Bettdecke täcke, -t täcke
Bettlaken lakan, -et la:kan
bewölkt molnig mu:lni

bezahlen betala be-'ta:la
BH BH, -n be:ho:
Bibliothek bibliotek, -et biblio'te:k
Bier öl, -en ö:l
Bikini bikini, -n bi'ki:ni
Bild bild, -en bild
billig billig billi
billiger billigare billigare
Birne päron, -et pä:ron
bis till till
Biss bett, -et bett
bisschen lite grann li:te grann
bitte snälla snälla
blau blå blo:
bleiben stanna stanna
blind blind blind
Blitz blixt, -en blikst
Blume blomma, -n blumma
Blumengeschäft blomsteraffär, -en blomster-a'ffä:r
Bluse blus, -en blü:s
Blut blod, -et blu:d
Blutung blödning, -en blö:dning
Bootsverleih båtuthyrning, -en bo:t-ü:t-hy:rning
Bordkarte boardingcard, -et bo:rding-ka:rd
böse ond u:nd
Botanischer Garten botaniska trädgården bo'ta:niska träd-go:rden
brauchen behöva be-'hö:wa
braun brun brü:n
Bremse broms, -en broms
Brief brev, -et bre:w
Briefmarke frimärke, -t fri:-märke
Briefumschlag kuvert, -et kü'wä:r
Brille glasögon, -en *pl* gla:s-ö:gon
Brot bröd, -et brö:d
Brötchen fralla, -n fralla
Bruder bror, brodern bru:r
Brust bröst, -et bröst
Buch bok, -en bu:k
Buchhandlung bokhandel, -n bu:k-handel
Bügeleisen strykjärn, -et stry:k-jä:rn
bügeln stryka stry:ka
Bungalow stuga, -n stü:ga
bunt färgglad färj-gla:d

Burg **borg, -en** borj
Bürste **borste, -n** borschte
Bus **buss, -en** büss
Busbahnhof **busstation, -en** büss-sta'schu:n
Bushaltestelle **busshållplats** büss-holl-plats
Butter **smör, -et** smör

C

Café **kafé, -et** ka'fe:
Camping **camping, -en** kamping
Campingplatz **campingplats, -en** kamping-plats
CD **CD, -en** se:de:
Chor **kör, -en** kö:r
Coronavirus, COVID-19 **coronavirus, covid-19** koronavi:res, kowid nitton

D

Dach **tak, -et** ta:k
Dampfbad **ångbad, -et** ong-ba:d
danach **därefter** dä:r-efter
danke **tack** tack
dann **sedan** se:dan
dasselbe **detsamma** de:'samma
Datum **datum, -et** da:tüm
dauern **dröja** dröija
Deck **däck, -et** däck
Decke **täcke, -t** täcke
denken **tänka** tänka
Denkmal **minnesmärke, -t** minnes-märke
Deo **deodorant, -en** deodo'rant
Desinfektionsgel **desinfeksjonsgel, -en** desinfekschu:nsgel
deutsch **tysk** tysk
Deutschland **Tyskland** tysk-land
Dezember **december** de'sember
Diabetes **diabetes, -en** dia'be:tes
Diät **diet, -en** di'e:t
dick **tjock** schock
Dieb **tjuv, -en** schü:w
Dienstag **tisdag** ti:s-da:g
diesig **disig** di:si

Digitalkamera
digitalkamera, -n
digi'ta:l-ka:mera
direkt direkt di'rekt
Dom domkyrka, -n
du:m-chyrka
Donner åska, -n oska
Donnerstag torsdag
tursch-da:g
Doppelbett dubbelsäng, -en
dübbel-säng
Dorf by, -n by:
dort där dä:r
Dose burk, -en bürk
Dosenöffner burköppnare,
-n bürk-öppnare
Draht tråd, -en tro:d
draußen ute ü:te
dringend brådskande
bross-kande
drinnen inne inne
Drogerie parfymeri, -et
parfy:me'ri:
drucken skriva ut skri:wa ü:t
drücken trycka trycka
du du dü:
dumm dum dümm
dunkel mörk mörk
dünn smal sma:l
durch genom je:nom
Durchfall diaré, -n dia're:
dürfen få fo:
durstig sein vara törstig
wa:ra törschti
durstig törstig törschti
Dusche dusch, -en düsch
duschen duscha düscha
Duschgel duschkräm, -en
düsch-krä:m
DVD DVD, -n dewede

E

Ebbe ebb, -en ebb
ebenerdig på marknivå
po: mark-ni:'wo:
echt äkta äckta
EC-Karte elektronkort, -et
elek'tro:n-kurt
Ecke hörn, -et hörn
Ehefrau fru, -n frü:
Ehemann man, -mannen
mann
Eimer hink, -en hink
einfach enkel enkel
Einfahrt infart inn-fart
einfarbig enfärgad
e:n-färjad

Eingang ingång, -en
inn-gong
einkaufen handla handla
Einkaufszentrum
köpcentrum, -centret
chö:p-'sentrüm
einladen bjuda bjü:da
einsteigen stiga på sti:ga po:
Eintritt inträde, -t inn-trä:de
Einzelbett enkelsäng, -en
enkel-säng
einzeln enskild e:n-schild
Eis glass, -en glass
elegant elegant ele'gant
Empfang reception, -en
resep'schu:n
empfehlen rekommendera
rekommen'de:ra
Ende slut, -et slü:t
endlich äntligen änt-ligen
Endreinigung städning, -en
stä:dning
Endstation ändhållplats, -en
änd-holl-plats
eng trång tro:ng
Entschuldigen Sie! Ursäkta
mig! ü:r'schäckta mej!
entwerten stämpla stämpla

Entwerter *(Fahrkarte)*
stämplingsautomat, -en
stämplings-auto'ma:t
Entzündung inflammation,
-en in-flamma'schu:n
er han hann
Erdbeeren jordgubbar, -na
ju:rd-gübbar
Erde jord, -en ju:rd
Erdgeschoss bottenvåning,
-en botten-wo:ning
Erdnüsse jordnötter
ju:rd-nötter
Erkältung förkylning, -en
för'chy:lning
Ermäßigung rabatt, -en
ra'batt
Ersatzteil reservdel, -en
re'serw-de:l
Erwachsener vuxen wüksen
essen gehen gå ut och äta
go: ü:t o ä:ta
essen äta ä:ta
Essen mat, -en ma:t
Essig vinäger, -n wi'nä:ger
Etage våning, -en wo:ning
etwas något no:got
Euro euro, -n ewro

F

Fähre färja, -n färja
fahren *(steuern)* köra chö:ra
Fahrkarte biljett, -en bill'jett
Fahrplan tidtabell, -en ti:d-ta'bell
Fahrpreis biljettpris, -et bill'jett-pri:s
Fahrrad cykel, -n syckel
Fahrradkorb cykelkorg, -en syckel-korj
Fahrstuhl hiss, -en hiss
Fahrzeugpapiere bilpapper bi:l-papper
Fallschirmspringen fallskärmshoppning, -en fall-schärms-hoppning
Familie familj, -en fa'milj
Farbe färg, -en färj
Fasching, Karneval karneval, -en karne'wa:l
Februar februari febru'a:ri
fehlen fattas fattas
Fehler fel, -et fe:l
Feiertag helgdag helj-da:g
Feinkostgeschäft delikatessaffär, -en delika'tess-a'ffä:r
Fenster fönster, -fönstret fönster
Fensterplatz fönsterplats, -en fönster-plats
Ferien semester, -n se'mester
Ferienhaus semesterhus, -et se'mester-hü:s; *(typisch schwed.)* stuga, -n stü:ga
Ferienwohnung semesterlägenhet, -en se'mester-lä:genhe:t
Fernseher teve, -n te:we:
fertig klar kla:r
fett fet fe:t
fettarme Milch lättmjölk, -en lätt-mjölk
feucht fuktig fük-ti
Feuer eld, -en eld
Feuerlöscher brandsläckare, -n brand-släckare
Feuerzeug tändare, -n tändare
Fieber feber, -n fe:ber
Fieberthermometer febertermometer, -n fe:ber-termo'me:ter
filmen filma filma
Filter filter, -filtret filter

Finger **finger, -fingret** finger
Fisch **fisk, -en** fisk
fischen **fiska** fiska
FKK-Strand **nudiststrand, -en** nü'dist-strand
Flasche **flaska, -n** flaska
Flaschenöffner **flasköppnare, -n** flask-öppnare
Fleisch **kött, -et** chött
Flohmarkt **loppmarknad, -en** lopp-marknad
Flughafen **flygplats, -en** fly:g-plats
Flughafenbus **flygbuss, -en** fly:g-büss
Flughafengebühr **flygplatsskatt, -en** fly:g-plats-skatt
Flugzeug **flygplan, -et** fly:g-pla:n
Fluss **flod, -en** flu:d
Flut **flod, -en** flu:d
Föhn **fön, -en** fö:n
Foto **foto, -t** futo
fotografieren **fotografera** futo-gra'fe:ra
Foyer **lobby, -n** lobbi
fragen **fråga** fro:ga
Frau **kvinna, -n** kwinna; *(Anrede)* **fru** frü:
Frauenarzt **gynekolog, -en** jynne-ko'log
Frauenärztin **kvinnlig gynekolog** kwinnli jynne-ko'log
frei *(nicht belegt)* **ledig** le:di; *(ungebunden)* **fri** fri:
Freilichtbühne **utomhusscen, -en** ü:tom-hü:s-'se:n
Freitag **fredag** fre:-da:g
fremd **främmande** främmande
Fremdenführer(in) **guide** gaid
Freund *(allg.)* **vän, -nen** wänn
Freundin *(allg.)* **väninna, -n** wänn'inna; *(Partnerin)* **flickvän, -nen** flick-wänn
Friedhof **kyrkogård, -en** chyrko-'go:rd
frieren **frysa** fry:sa
frisch **färsk** färschk
Frischhaltefolie **plastfolie, -n** plast-fu:lie
Friseur(in) **frisör, -en** fri'sö:r

Frisur frisyr, -en fri'sy:r
Frost frost, -en frost
früh tidigt ti:dit
Frühling vår, -en wo:r
Frühstück frukost, -en frü-'kost
frühstücken äta frukost ä:ta frü-'kost
Frühstücksbüfett frukostbuffé, -n frü-'kost-büf'fe:
Führerschein körkort, -et chör-kurt
Führung visning, -en wi:s-ning
Fundbüro hittegodsavdelning, -en hitte-gu:ds-a:w-de:lning
funktionieren fungera fün'ge:ra
für för fö:r
Fuß fot, -en fu:t
Fußball fotboll, -en fu:t-boll
Fußballspiel fotbollsmatch, -en fu:t-bolls-matsch
Fußgängerzone gågata, -n go:-ga:ta

G

Gabel gaffel, -n gaffel
Galerie galleri, -et galle'ri:
Gang växel, -n wäksel
ganz hel he:l
Garantie garanti, -n garan'ti:
Garderobe garderob, -en garde'ro:b
Garten trädgård, -en träd-go:rd
Gaskartusche gasolpatron, -en ga'so:l-pa'tru:n
Gaskocher gaskök, -et ga:s-chö:k
Gast gäst, -en jäst
Gebäck bakverk, -en ba:k-werk
Gebäude byggnad, -en byggnad
geben ge je:
Gebirge bergskedja, -n berjs-che:dja
Gebiss löständer *pl* lö:s-tänder
gebrochen bruten brü:ten
Gebühr avgift, -en a:w-jift
Gedeck tallrik och bestick tall'ri:k o: be'stick
gefährlich farlig fa:rli

Geflügel fågel, -n fo:gel
Gegend område, -t
ommro:de
gegenüber mittemot
mitt-emu:t
Geheimzahl pinkod, -en
pinn-ko:d
gehen gå go:
Gehirn hjärna, -n jä:rna
gehören tillhöra till-hö:ra
Gel gelé, -n sche'le:
gelb gul gü:l
Geld pengar *pl* pengar
Geldautomat bankomat, -en
banko'ma:t
Gelenk led, -en le:d
Gemälde tavla, -n ta:wla
gemeinsam gemensam
je'me:nsam
Gemüse grönsaker *pl*
grö:n-sa:ker
genau noga nu:ga
geöffnet öppet öppet
Gepäck bagage, -t ba'ga:sch
Gepäckaufbewahrung
resgodsförvaring, -en
re:s-guds-för'wa:ring
Gepäckträger takräcke, -t
ta:k-räcke
geradeaus rakt fram
ra:kt framm
Geschäft affär, -en a'ffä:r
Geschenk present, -en
pre'sent
Geschirr porslin, -et
por'schli:n
Geschirrtuch kökshandduk,
-en chö:ks-hand-dük
geschlossen stängt stängt
Geschwister syskon, -en
syskon
Gesicht ansikte, -t ansikte
gestern i går i: go:r
gestohlen stulen stü:len
gesund frisk frisk
Getränk dryck, -en dryck
Gewicht vikt, -en wickt
gewinnen vinna winna
Gewürze kryddor, -na
kryddur
gewürzt kryddad kryddad
giftig giftig jiffti
Gipfel topp, -en topp
Glas glas, -et gla:s
glauben tro tru:
gleich *(Vergleich)* lika li:ka;
(zeitlich) strax straks
Gleis spår, -et spo:r

glücklich lycklig lyckli
Glühbirne glödlampa, -n glö:d-lampa
Gold guld, -et güld
golden guldfärgat güld-färjat
Golf golf, -en golf
Gottesdienst gudstjänst, -en güds-schänst
Grab grav, -en gra:w
Grad grad, -en gra:d
Gräte ben, -et be:n
gratis gratis gra:tis
grau grå gro:
Grenze gräns, -en gräns
Grillkohle grillkol, -en grill-ko:l
Grippe influensa, -n inflü'ensa
groß stor stu:r
Größe storlek, -en stu:rlek
größer större större
grün grön grö:n
gültig giltig jilti
günstig billig billi
Gürtel bälte, -t bällte
gut *(Qualität)* bra bra:
Gutschein presentkort, -et pre'sent-kurt

H

Haar hår, -et ho:r
Haargummi hårtofs, -en ho:r-tofs
Haarspange hårspänne, -t ho:r-spänne
Haarspray hårspray, -en ho:r-sprej
haben ha ha:
Hafen hamn, -en hamn
Hagel hagel, -haglet ha:gel
Hähnchen kyckling, -en chyckling
halb halv halw
Halbinsel halvö, -n halw-ö:
Hals hals, -en hals
Halstuch halsduk, -en hals-dü:k
halten stanna stanna
Haltestelle hållplats, -en holl-plats
Hammer hammare, -n hammare
Hand hand, -en hand
Handarbeit handarbete, -t hand-arbe:te
Handball handboll, -en hand-boll

Handbremse **handbroms, -en** hand-broms
Handcreme **handkräm, -en** hand-krä:m
Handgepäck **handbagage, -t** hand-ba'ga:sch
Handschuhe **handskar, -na** hand-skar
Handtasche **handväska, -n** hand-wäska
Handtuch **handduk, -en** hand-dü:k
Handy **mobiltelefon, -en** mo'bi:l-tele'fo:n
hart **hård** ho:rd
Hauptgericht **huvudrätt, -en** hü:wüd-rätt
Hauptsaison **högsäsong, -en** hö:g-säsong
Hauptstadt **huvudstad, -en** hü:wüd-sta:d
Haus **hus, -et** hü:s
hausgemacht **hemgjord** hemm-ju:rd
Haut **hud, -en** hü:d
Hautarzt **hudläkare, -n** hü:d-lä:kare
heiß **het** he:t
heißen **heta** he:ta
heiter *(Wetter)* **strålande** stro:lande
Heizung **värme, -n** wärme
helfen **hjälpa** jälpa
hell **ljus** jü:s
Helm **hjälm, -en** jälm
Hemd **skjorta, -n** schu:rta
Herbst **höst, -en** höst
Herd **spis, -en** spi:s
Herr **herr, -n** herr
Herz **hjärta, -t** jä:rta
Heuschnupfen **hösnuva, -n** hö:-snü:wa
heute **i dag** i da:g
hier **här** hä:r
Hilfe **hjälp, -en** jälp
Himbeeren **hallon, -en** hallon
hinten **bak** ba:k
hinter **bakom** ba:kom
Hitze **värme, -n** wärme
hoch **hög** hö:g
hoffentlich **förhoppningsvis** för'hoppnings-wi:s
Höhle **grotta, -n** grotta
holen **hämta** hämmta
homöopathisch **homeopatisk** ho:meo'pa:tisk

Honig honung, -en ho:nüng
hören höra hö:ra
Hose byxor, -na *pl* byksur
Hotel hotell, -et ho'tell
hübsch snygg snygg
Hüfte höft, -en höft
Hügel kulle, -n külle
Hund hund, -en hünd
hungrig hungrig hüngri
hungrig sein vara hungrig wa:ra hüngri
Hupe tuta, -n tü:ta
Husten hosta, -n hu:sta
Hustensaft hostmedicin, -en hu:st-medi'si:n
Hut hatt, -en hatt
Hütte stuga, -n stü:ga

I

ich jag ja:g
immer alltid all-ti:d
Impfpass vaccinationsintyg, -et waksina'schu:ns-inty:g
in i i:; *(zeitlich)* om omm
inbegriffen inkluderad in-klü'de:rad
Infektion infektion, -en infek'schu:n
Information information, -en informa'schu:n
Innenstadt innerstad, -en inner-sta:d
Inschrift inskrift, -en inn-skrift
Insektenspray insektsspray, -et in'sekts-sprej
Insektenstich insektsbett, -et insekts-bett
Insel ö, -n ö:
Insulin insulin, -et insü'li:n
interessant intressant intres'sant
Internetanschluss uppkoppling till internet üpp-koppling till internet
Isomatte liggunderlag, -et ligg-ünderla:g

J

ja ja ja:
Jacke jacka, -n jacka
Jahr år o:r
Januar januari janü'a:ri
Jeans jeans, -en ji:ns
jemand någon no:gon
jetzt nu nü:

Jod jod, -en jodd
joggen jogga jogga
Joghurt yogurth, -en jo:gürt
Jugendherberge vandrarhem, -hemmet wandrar-hemm
Juli juli jü:li
jung ung üng
Junge pojke, -n poike
Juni juni jü:ni
Juwelier(in) juvelerare, -n jü:we'le:rare

K

Kabel kabel, -en ka:bel
Kaffee kaffe, -t kaffe
Kaffeemaschine kaffebryggare, -n kaffe-bryggare
Kajak kajak, -en ka'ja:k
Kakao kakao, -n ka:kao
Kalbfleisch kalvkött, -et kalw-chött
kalt kall kall
Kamin öppen spis öppen spi:s
Kaminholz ved, -en we:d
Kamm kam, -men kamm
Kanu kanot, -en ka'nu:t
Kapelle kapell, -et ka'pell
Kapitän kapten, -en kap'te:n
kaputt sönder sönder
Karat karat, -en ka'ra:t
Karte karta, -n ka:rta
Kartoffeln potatisar, -na po'ta:tisar
Käse ost, -en u:st
Kasse kassa, -n kassa
Katalog katalog, -en kata'lo:g
kaufen köpa chö:pa
Kegelbahn bowlingbana, -n bowwling-ba:na
kegeln bowla bowwla
Kekse kex, -et cheks
Kellner kypare, -n chy:pare
Kellnerin servitris, -en serwi'tri:s
Keramik keramik, -en chera'mi:k
Kerze ljus, -et jü:s
Ketchup ketchup, -en ketchüp
Kette kedja, -n che:dja
Kilometer kilometer, -n chi:lo-'me:ter
Kind barn, -et ba:rn

Kinderarzt barnläkare, -n ba:rn-lä:kare
Kinderbett barnsäng, -en ba:rn-säng
Kindersitz barnsits, -en ba:rn-sits
Kinderteller barnportion, -en ba:rn-port'schu:n
Kinderwagen barnvagn, -en ba:rn-wagn
Kino biograf, -en bio'gra:f
Kiosk kiosk, -en chosk
Kirche kyrka, -n chyrka
Kirchturm kyrktorn, -et chyrk-tu:rn
Kirschen körsbär, -en chörs-bä:r
klar klar kla:r
Klebeband tejp, -en tejp
Kleid klänning, -en klänning
Kleiderbügel klädhängare, -n klä:d-hängare
klein litet *n* li:tet
klettern klättra klättra
Klima klimat, -et kli'ma:t
Klimaanlage luftkonditionering, -en lüft-kondischu'ne:ring
Kloster kloster, -klostret klosster
Kneipe pub, -en pub
Knie knä, -t knä:
Knoblauch vitlök, -en wi:t-lö:k
Knochen ben, -et be:n
Knopf knapp, -en knapp
Kochbuch kokbok ku:k-bu:k
kochen koka ku:ka
Koffer resväska, -n re:s-wäska
kommen aus komma ifrån komma ifro:n
Konditorei konditori, -et kondito'ri:
Kondom kondom, -en kon'do:m
König kung, -en küng
Königin drottning, -en drottning
können kunna künna
Konzert konsert, -en kon'sä:r
Kopfhörer hörlurar *pl* hör-lü:rar
Kopfkissen kudde, -n küdde
Kopie kopia, -n ko'pi:a
Korkenzieher korkskruv, -en kork-skrü:w

Körper kropp, -en kropp
Körperlotion kroppslotion, -en kropps-'lo:schen
kosten kosta kosta
Kostüm kostym, -en kosty:m
Krampf kramp, -en kramp
krank sjuk schü:k
Krankenhaus sjukhus, -et schü:k-hü:s
Krankheit sjukdom, -en schü:kdu:m
Kräuter örter ö:rter
Krawatte slips, -en slips
Kreditkarte kreditkort, -et kre'di:t-kurt
Kreislaufstörungen circulationsrubbningar sirküla'schu:ns-rübbningar
Kreuzfahrt kryssning, -en kryssning
Kreuzung korsning, -en korschning
Krimi deckare, -n deckare
Krücke krycka, -n krycka
Küche kök, -et chö:k
Kuchen kaka, -n ka:ka
Kugelschreiber kulspetspenna, -n kü:l-spets-penna
kühl kylig chy:li
Kühlschrank kylskåp, -et chy:l-sko:p
Kühltasche kylväska, -n chy:l-wäska
Kunst konst, -en konst
Kunsthandwerk konsthantverk, -et konst-hant-werk
Künstler(in) konstnär, -en konst'nä:r
Kuppel kupol, -en kü'po:l
Kurs kurs, -en kürsch
Kurve kurva, -n kürwa
kurz kort kort
küssen kyssa chyssa
Küste kust, -en küst

L

lachen skratta skratta
Ladegerät laddare, -n laddare
Ladekabel laddningssladd, -en laddnings-sladd

Lammfleisch lammkött, -et lamm-chött
Lampe lampa, -n lampa
Land land, -et land
Landkarte karta, -n ka:rta
Landschaft landskap, -et land-ska:p
Landstraße landsväg, -en lands-wä:g
Landung landning, -en landning
lang lång long
Langlauf längdskidåkning, -en längd-schi:d-o:kning
langsam långsam longsam
laufen springa springa
laut högt högt
leben leva le:wa
Lebensmittelgeschäft livsmedelsaffär, -en liws-me:dels-a'ffä:r
Leder läder, -lädret lä:der
leer tom tu:m
leicht lätt lätt
leider tyvärr ty'wärr
Leihgebühr uthyrningsavgift, -en ü:t-hy:rnings-a:w-jift
Leinen *(Stoff)* linne, -t linne
leise tyst tyst
lernen lära sig lä:ra sej
lesen läsa lä:sa
Licht ljus, -et jü:s
Lichtschutzfaktor solskyddsfaktor, -n su:l-schydds-faktor
lieben älska älska
lieber hellre hellre
Liegestuhl vilstol, -en wi:l-stu:l
Lift hiss, -en hiss
lila lila li:la
Limonade läsk, -en läsk
links vänster wänster
Lippenstift läppstift, -et läpp-stift
Livemusik livemusik, -en laiw-mü'si:k
Locken lockar lockar
Löffel sked, -en sche:d
Loipe skidspår, -et schi:d-spo:r
Luft luft, -en lüft
Luftmatratze luftmadrass, -en lüft-ma'drass
Luftpumpe pump, -en pümp

Luftverschmutzung luftförorening, -en lüft-för-u:re:ning
Lunge lunga, -n lünga

M

machen göra jö:ra
Mädchen flicka, -n flicka
mager mager ma:ger
Mai maj mai
Mais majs, -en mais
Malerei måleri, -et mo:le'ri
man man mann
manchmal ibland i'bland
Mann man, -nen mann
Mannschaft lag, -et la:g
Mantel *(Damen)* kappa, -n kappa; *(Herren)* rock, -en rock
Markt marknad, -en marknad
Markthalle saluhall, -en sa:lü:-hall
Marktplatz marknadstorg marknads-torj
Marmelade marmelad, -en marme'la:d
März mars marsch
Matratze madrass, -en ma'drass
Mauer mur, -en mü:r
Maut vägtull, -en wä:g-tüll
Medizin medicin, -en medi'si:n
Meer hav, -et ha:w
mehr mer me:r
Mehrwertsteuer moms, -en momms
Mensch människa, -n männischa
Menstruation menstruation, -en menstrüa'schu:n
Menü meny me'ny:
Messer kniv, -en kni:w
Meter meter, -n me:ter
Miete hyra, -n hy:ra
mieten hyra hy:ra
Migräne migrän, -en mi'grä:n
Milch mjölk, -en mjölk
Mineralwasser mineralvatten, -vattnet mine'ra:l-watten
Minigolfplatz minigolfbana, -n minigolf-ba:na
Minute minut, -en mi'nü:t

Missverständnis missförstånd, -et miss-fö:r'schtond
mit med me:
mitnehmen ta med ta: me:
Mittagessen lunch, -en lunsch
mittags vid lunchtid vi:d lunsch-ti:d
Mitte mitt, -en mitt
Mittelalter medeltid, -en me:del-ti:d
Mittwoch onsdag u:ns-da:g
Mobiltelefon mobiltelefon, -en mo'bi:l-tele'fo:n
modern modern mu'dern
mögen tycka om tycka omm
möglich möjlig möijli
Monat månad, -en mo:nad
Mond måne, -n mo:ne
Montag måndag, -en mon-da:g
morgen i morgon i morron
morgens på morgonen po: morronnen
Moschee moské, -n mos'ke:
Moskitonetz myggnät, -et mygg-nä:t
Moskitospirale myggspiral, -en mygg-spi'ra:l
Motor motor, -n mu:tor
Motorboot motorbåt, -en mu:tor-bo:t
Motorrad motorcykel, -n mu:tor-syckel
MP3-Player MP3-spelare, -n empe:'tre:-spe:lare
Mückenschutz myggskydd, -et mygg-schydd
müde trött trött
Mühle kvarn, -en kwa:rn
Mullbinde gasbinda, -an ga:s-binda
Mülleimer sophink, -en su:p-hink
Mund mun, -munnen münn
Mundschutz munskydd, -et 'munn-chid
Münze mynt, -et mynt
Muscheln musslor müsslur
Museum museum, -museet mü'se:üm
Musical musikal, -en müsi'ka:l
Musik musik, -en mü'si:k
Musikgeschäft musikaffär, -en mü'si:k-a'ffä:r

Muskel **muskel, -n** müskel
Müsli **müsli, -n** my:sli
müssen **måste** moste
Mutter **mor, -modern** mu:r
Mütze **mössa, -n** mössa

N

Nachbar **granne, -n** granne
Nachmittag **eftermiddag, -en** efter-midda:g
nachmittags **på eftermiddagen** po: efter-midda:gen
Nachricht **nyhet, -en** ny:-he:t
Nachsaison **lågsäsong, -en** lo:g-säsong
nächster **nästa** nästa
nächstes Jahr **nästa år** nästa o:r
Nacht **natt, -en** natt
Nachtisch **efterrätt, -en** efter-rätt
nachts **på natten** po: natten
Nacken **nacke, -n** nacke
nackt **naken** na:ken
Nagel *(Fingernagel)* **fingernagel, -n** finger-na:gel
Nagelbürste **nagelborste, -n** na:gel-borschte
Nagelfeile **nagelfil, -en** na:gel-fi:l
Nagellack **nagellack, -et** na:gel-lack
Nagellackentferner **nagellacksborttagare, -n** na:gel-lacks-bort-ta:gare
Nagelschere **nagelsax, -en** na:gel-saks
Name **namn, -et** namn
Nase **näsa, -n** nä:sa
nass **blöt** blö:t
Nationalität **nationalitet, -en** natschunali'te:t
Nationalpark **nationalpark, -en** natschu'nal-park
Natur **natur, -en** na'tü:r
Naturschutzgebiet **naturreservat, -et** natü:r-reser'wa:t
Navigationsgerät **navigationsapparat, -en** naviga'schu:ns-appa'rat

Navigationssystem navigationssystem, -et naviga'schu:ns-syste:m
Nebel dimma, -n dimma
neben bredvid bre:'wi:d
nehmen ta ta:
nein nej nej
Nektarine nektarin, -en nekta'ri:n
Nerv nerv, -en nerw
nett snäll snäll
Netzspannung nätspänning, -en nä:t-spänning
neu ny ny:
Neujahr nyårsdag, -en ny:-o:rsch-da:gen
nicht inte inte
nichts inget inget
Nichtschwimmer ej simkunnig ej simm-künnig
nie aldrig alldrig
niemand ingen ingen
Niere njure, -n njü:re
noch ännu ännü:
Norden norr, -norden norr, -nu:rden
normal normal nor'ma:l
Notarzt akutläkare, -n aküt-lä:kare
Notausgang nödutgång, -en nö:d-ü:t-gong
November november no'wember
Nudeln pasta, -n pasta
Nummer nummer, -numret nümmer
nun nu nü:
nur bara ba:ra

O

oben uppe üppe
Objektiv objektiv, -et objek'ti:w
Obst frukt, -en frükt
oder eller eller
offen öppen öppen
oft ofta offta
ohne utan ü:tan
Ohr öra, -t ö:ra
Ohrringe örhängen ö:r-hängen
Oktober oktober ok'tu:ber
Oliven oliver, -na o'li:wer
Opernhaus opera, -n u:pera

Optiker(in) optiker, -n optiker
Orange apelsin, -en apel'si:n
Orangensaft apelsinjuice, -en apel'si:n-ju:s
Orchester orkester, -n or'kester
Ordnung ordning, -en o:rdning
Oregano oregano, -n ore'ga:no
Orgel orgel, -n orjel
Original original, -et orgi'na:l
Originalfassung originalversion, -en orgi'na:l-wer'schu:n
Orthopäde ortoped, -en orto'pe:d
Ortszeit lokal tid, -en lu'ka:l ti:d
Ostern påsk, -en posk
Österreich Österrike öster-ri:ke

P

Päckchen paket, -et pa'ke:t
Palast palats, -et pa'lats
Panne motorfel, -et mu:tor-fe:l
Papier papper, -pappret papper
Papiere papper papper
Papiertaschentücher pappersnäsdukar, -na pappersch-nä:s-dü:kar
Parfüm parfym, -en par'fy:m
Parfümerie parfymeri, -et parfy:me'ri:
Park park, -en park
parken parkera par'ke:ra
Parkhaus parkeringshus, -et par'ke:rings-hü:s
Parkplatz parkeringsplats, -en par'ke:rings-plats
Parkscheibe p-skiva, -n pe:-schi:wa
Parkuhr parkeringsmätare, -n par'ke:rings-mä:tare
Parkverbot parkeringsförbud, -et par'ke:rings-för'bü:d
Passwort lösenord, -et lösen-u:rd
PCR-Test PCR-test pe-tse-er-test

Person person, -en per'schu:n
Personalausweis legitimation legitima'schu:n
persönlich personlig per'schu:nli
Pfanne stekpanna, -n ste:k-panna
Pfeffer peppar, -n peppar
Pfeife pipa, -n pi:pa
Pferd häst, -en häst
Pfingsten pingst, -en pingst
Pfirsich persika, -n pe:rschika
Pflaster plåster, -plåstret ploster
Pflaume plommon, -et plummon
Pilot(in) pilot, -en pi'lu:t
Pilze svampar swampar
pink mörkrosa mörk-ro:sa
Pinzette pincett, -en pin'sett
Plakat plakat, -et pla'ka:t
Platz plats, -en plats
Polizei polis, -en po'li:s
Polizist polis, -en po'li:s
Polizistin poliskvinna po'li:skinna
Pony lugg, -en lugg
Portal portal, -en por'ta:l
Porträt porträtt, -et por'trätt
Poster affisch, -en a'fisch
Postleitzahl postnummer, -numret post-nümmer
Preis pris, -et pri:s
Prellung kontusion, -en kontü'schu:n
privat privat pri'wa:t
probieren prova pru:wa
Programm program, -met pro'gramm
Prospekt broschyr, -en bro'schy:r
Proviant matsäck, -en ma:t-säck
prüfen pröva prö:wa
Puder puder, -pudret pü:der
Pullover ytterströja, -n ytter-tröija
Pulver pulver, -pulvret pülwer
pünktlich i tid i: ti:d

putzen städa stä:da
Putzmittel rengöringsmedel, -medlet re:n-jö:rings-me:del

Q

Qualität kvalitet, -en kwali'te:t
Quelle källa, -n chälla
Quittung kvitto, -t kwitto

R

Rabatt rabatt, -en ra'batt
Rad hjul, -et jü:l
Radiergummi suddgummi, -t südd-gümmi
Radio radio, -n ra:dio
Radweg cykelväg, -en syckel-wä:g
Rasierapparat rakapparat, -en ra:k-appa'ra:t
rasieren raka ra:ka
Rasierklinge rakblad, -et ra:k-bla:d
Raststätte rastplats, -en rastplats
Rat råd, -et ro:d
Rathaus rådhus, -et ro:d-hü:s
rauchen röka rö:ka
Rauschgift narkotika, -n nar'ko:tika
rechnen räkna rä:kna
Rechnung räkning, -en rä:kning
rechts höger hö:ger
Rechtsanwalt advokat, -en adwo'ka:t
rechtzeitig i god tid i: gu:d ti:d
reden tala ta:la
Regenjacke regnjacka, -n regn-jacka
Regenmantel regnkappa, -n regn-kappa
Regenschauer regnskur, -en regn-skü:r
regnen regna regna
regnerisch regnig regni
reich rik ri:k
Reifen däck, -et däck
Reihe rad, -en ra:d

Reinigung *(Geschäft)* kemtvätt, -en che:m-twätt
Reis ris, -et ri:s
Reise resa, -n re:sa
Reisebüro resebyrå, -n re:se-by:ro
Reiseführer guidebok, -en gaid-bu:k
Reisegruppe resegrupp, -en re:se:grüpp
Reisepass pass, -et pass
Reisetasche resväska, -n re:s-wäska
Reißverschluss blixtlås, -et blikst-lo:s
reiten rida ri:da
reparieren reparera repa're:ra
Reservereifen reservdäck, -et re'serw-däck
reservieren boka bu:ka
reserviert reserverad reser'we:rad
Rest rest, -en rest
Restaurant restaurang, -en restau'rang
restauriert restaurerad restau're:rad
retten rädda rädda
Rettungsboot livbåt, -en li:w-bo:t
Rettungsring livboj, -en li:w-boj
Rezept recept, -et re'sept
Rezeption reception, -en resep'schu:n
richtig rätt rätt
Richtung håll, -et holl
riechen lukta lükta
Rindfleisch nötkött, -et nö:t-chött
Ring ring, -en ring
Rippe revben, -et re:w-be:n
Risiko risk, -en risk
riskant riskabel ris'ka:bel
Riss spricka, -n spricka
Rock kjol, -en chu:l
Rodelbahn bobbana, -n bob-ba:na
roh rå ro:
Rollstuhl rullstol, -en rüll-stu:l

Rolltreppe rulltrappa, -n rüll-trappa
Roman roman, -en ro'ma:n
rosa ljusrosa jü:s-ro:sa
Rosmarin rosmarin, -en ro:sma'ri:n
rot röd rö:d
Rotwein rödvin, -et rö:d-wi:n
Route färdväg, -en färd-wä:g
Rücken rygg, -en rygg
rückerstatten återbetala o:ter-be-'ta:la
Rückfahrt återresa, -n o:ter-re:sa
Rückflug returflyg, -et re'tü:r-fly:g
rückwärts baklänges ba:k-länges
Rückweg återväg, -en o:ter-wä:g
Ruderboot roddbåt, -en rudd-bo:t
rufen ropa ru:pa
ruhig lugn lügn
Ruine ruin, -en rü'i:n
rutschen glida gli:da

S

Saal sal, -en sa:l
Sache sak, -en sa:k
Sackgasse återvändsgata, -n o:ter-wänds-ga:ta
Safe kassaskåp, -et kassa-sko:p
Saft juice, -n ju:s
sagen säga säija
Sahne grädde, -n grädde
Salat sallad, -en sallad
Salatsoße dressing, -en dressing
Salbe salva, -n salwa
Salz salt, -et salt
Samstag lördag lör-da:g
Sand sand, -en sand
Sandalen sandaler san'da:ler
Sandstrand sandstrand, -en sand-strand
Sänger sångare, -n songare
Sängerin sångerska, -n songerschka
satt sein vara mätt wa:ra mätt
Sattel sadel, -n sa:del
sauber ren re:n

sauer sur sü:r
Säule pelare, -n pe:lare
Sauna bastu, -n bastü
Schachtel ask, -en ask
Schaden skada, -n ska:da
schädlich skadlig ska:dli
Schaffner konduktör, -en kondük'tö:r
Schal halsduk, -en hals-dü:k
Schalter *(elektrisch)* knapp knapp; *(Fahrkarten, Bank usw.)* disk disk
Schärenküste skärgård, -en schä:r-go:rd
scharf stark stark
Schatten skugga, -an skügga
Schaufenster skyltfönster, -fönstret schylt-fönster
Schauspieler skådespelare, -n sko:de-spe:lare
Schauspielerin skådespelerska, -n sko:de-spe:lerschka
Scheibenwischer vindrutetorkare, -n wind-rü:te-torkare
Scheinwerfer strålkastare, -n stro:l-kastare
schenken skänka schänka
Scherbe skärva, -n schä:rwa
Schere sax, -en saks
Scherz skämt, -et schämmt
scheußlich förskräcklig för-skräckli
schicken skicka schicka
Schicksal öde, -t ö:de
schieben skjuta schü:ta
Schiedsrichter domare, -n du:mare
Schifffahrtsmuseum sjöfartsmuseum, -museet schö:-fa:rts-mü'se:üm
Schiffsagentur skeppsförmedling, -en schepps-för'me:dling
Schild skylt, -en schylt
Schimpfwort skällsord, -et schälls-u:rd
Schinken skinka, -n schinka
Schirm paraply, -n para'ply:
Schlafanzug pyjamas, -en py'ja:mas
schlafen sova so:wa

Schlafsack sovsäck, -en so:w-säck
Schlaftabletten sömntabletter sömn-tabletter
schlank smal sma:l
Schlauch slang, -en slang
Schlauchboot gummibåt, -en gümmi-bo:t
schlecht dålig do:li
schließen stänga stänga
Schließfach förvaringsbox, -en för-'wa:rings-boks
schlimm dålig do:li
Schloss slott, -et slott
Schlucht ravin, -en ra'wi:n
Schluss slut, -et slü:t
Schlüssel nyckel, -n nyckel
Schlussverkauf utförsäljning, -en ü:t-för-'säljning
schmecken smaka sma:ka
Schmerzmittel smärtstillande medicin smärt-stillande medi'si:n
Schmuck smycke, -t smycke
schmutzig smutsig smütsi
Schnaps brännvin, -et bränn-wi:n
Schnee snö, -n snö:
Schneeketten snökedjor, -na snö:-che:djur
schneiden skära schä:ra
schnell snabb snabb
Schnelltest snabbtest, -et snabbtest
Schnitzerei snideri, -et snide'ri:
Schnorchel snorkel, -n snorkel
Schnuller napp, -en napp
Schnupfen snuva, -an snü:wa
Schnur snöre, -t snö:re
Schnürsenkel skosnöre, -t sku:-snö:re
Schock chock, -en schock
schon redan re:dan
schön vacker wacker
Schonkost dietkost, -en di'e:t-kost
Schrank skåp, -et sko:p
Schraube skruv, -en skrü:w

Schraubenschlüssel skruvnyckel, -n skrü:w-nyckel
Schraubenzieher skruvmejsel, -n skrü:w-mejsel
schreiben skriva skri:wa
schreien skrika skri:ka
Schuhcreme skokräm, -en sku:-kräm
Schuhe skor sku:r
Schuhgeschäft skoaffär, -en sku:-a'ffä:r
Schuhmacher skomakare, -n sku:-ma:kare
Schule skola, -n sku:la
Schüler elev, -en e'le:w
Schulferien skollov, -et sku:l-lo:w
Schulter axel, -n aksel
Schüssel skål, -en sko:l
Schutz skydd, -et schydd
Schutzhütte skyddsstuga, -n schydds-stü:ga
schwach svag swa:g
schwanger gravid gra'wi:d
schwarz svart swart
Schwarzbrot mörkt bröd mörkt brö:d
Schwede svensk, -en swensk
Schweden Sverige swerje
Schwedin svenska, -n swenska
schwedisch svensk swensk
Schwedische Krone svensk krona svensk kru:na
Schweinefleisch fläskkött, -et fläsk-chött
Schweiz Schweiz schwejts
Schweizer Franken schweiziska franc, -en schwejt'siska frang
Schwellung svullnad, -en swüllnad
schwer *(Gewicht)* tung tüng
Schwester syster, -n syster
schwierig svår swo:r
Schwimmbad simhall, -en simm-hall
schwimmen simma simma
Schwimmflossen simfötter *pl* simm-fö:tter
Schwimmflügel simkuddar *pl* simm-küddar

Schwimmweste
flytväst, -en fly:t-wäst
Schwindel yrsel, -n yrsel
schwitzen svettas swettas
schwül kvav kwa:w
See sjö, -n schö:
Seegang sjögång, -en
schö:-gong
Seeigel sjöborre, -n
schö:-borre
seekrank sjösjuk
schö:-schü:k
Seesack sjösäck, -en
schö:-säck
Segelboot segelbåt, -en
se:gel-bo:t
segeln segla se:gla
sehen se se:
Sehenswürdigkeiten
sevärdheter
se:-wärdhe:ter
Sehne sena, -n se:na
sehr mycket mycke
seicht grund gründ
Seide siden, -et si:den
Seife tvål, -en two:l
Seil lina, -n li:na
Seilbahn linbana, -n
li:n-ba:na
seit sedan se:dan
Seite sida, -n si:da
Sekt mousserande vin
mu'sse:rande wi:n
Sekunde sekund, -en se'künd
Selbstbedienung
självbetjäning, -en
schälw-be'schä:ning
September september
sep'tember
Serviette servett, -en
ser'wett
Sessel fåtölj, -en fo'tölj
Sessellift sittlift, -en
sitt-lift
Shampoo schampo, -t
schampo
sich beschweren klaga
kla:ga
sich treffen träffas träffas
sicher säker sä:ker
Sicherheit säkerhet, -en
sä:ker-he:t
Sicherheitsgurt
säkerhetsbälte, -t
sä:kerhe:ts-bälte

Sicherheitsnadel säkerhetsnål, -en sä:kerhe:ts-no:l
Sicherung säkring, -en sä:kring
Sicht sikt, -en sickt
Sieg seger, -n se:ger
Silber silver, -silvret silwer
silbern silverfärgad silwer-färjad
Silvester nyårsafton, -en ny:-o:rsch-'afton
singen sjunga schünga
Single ensamstående ensamm-sto:ende
Sitte sed, -en se:d
sitzen sitta sitta
Ski skida, -n schi:da
Skulptur skulptur, -en skülp'tü:r
SMS sms, -et es-em-es
so så so:
Socken sockor *pl* sockur
Sodbrennen halsbränna, -n hals-bränna
sofort genast je:nast
sogar även ä:wen
Sohn son, -en so:n
Solarium solarium, -solariet so'la:riüm
sollen skola sku:la
Sommer sommar, -en sommar
Sonderangebot specialerbjudande, -t spesia:l-er'bjüdande
Sonne sol, -en su:l
Sonnenaufgang soluppgång, -en su:l-üpp-gong
Sonnenbrand solbränna, -n su:l-bränna
Sonnenbrille solglasögon, -en *pl* su:l-gla:s-ö:gon
Sonnencreme solkräm, -en su:l-kräm
Sonnenhut solhatt, -en su:l-hatt
Sonnenuntergang solnedgång, -en su:l-ne:d-gong
sonnig solig su:li
Sonntag söndag sön-da:g
Sorte sort, -en sort
Soße sås, -en so:s

Spargel sparris, -en sparris
Sparkasse sparbank, -en spa:r-bank
Spaß skoj, -et skoj
spät sent se:nt
später senare se:nare
Spaziergang promenad, -en pro:me'na:d
Speicherkarte *(Chip)* chipkort, -et chip-kurt
Speicherkartenlesegerät chipkortläsare, -n chip-kurt-läsare
speichern spara spa:ra
Speisekarte matsedel, -n ma:t-se:del
Speisesaal matsal, -en ma:t-sa:l
Speisewagen restaurangvagn, -en restau'rang-wagn
Spezialität specialitet, -en spesiali'te:t
Spiegel spegel, -n spe:gel
Spiegelreflexkamera spegelreflexkamera, -n spe:gel-re'fleks-ka:mera
spielen spela spe:la
Spielfilm spelfilm, -en spe:l-film
Spielkarten (spel)kort, -en (spe:l)kurt
Spielkasino kasino, -t ka'si:no
Spielplatz lekplats, -en le:k-plats
Spielzeug leksak, -en le:k-sa:k
Spinat spenat, -en spe'na:t
Spinne spindel, -n spindel
Spitzer pennvässare, -n penn-wässare
Sport idrott, -en i:drott
Sportgeschäft sportaffär, -en spo:rt-a'ffä:r
Sprache språk, -et spro:k
Sprachkurs språkkurs, -en spro:k-kürsch
sprechen prata pra:ta
Spritze spruta, -n sprü:ta
Spucktüte spypåse, -en spy:-po:se
Spülmittel diskmedel, -medlet disk-me:del
spüren känna chänna

Staatsangehörigkeit nationalitet, -en natschunali'te:t
Stadion stadion sta:dion
Stadt stad, -en sta:d
Stadtmauer stadsmur, -en stads-mü:r
Stadtrundfahrt stadsrundtur, -en stads-ründ-tü:r
Stadtteil stadsdel, -en stads-de:l
Stadttor stadsport, -en stads-pu:rt
Stadtzentrum centrum, -centret sentrüm
stark stark stark
Starthilfekabel startkabel, -n start-ka:bel
Station station, -en sta'schu:n
Stativ stativ, -et sta'ti:w
stattfinden äga rum ä:ga rümm
Statue staty, -n sta'ty:
Stau bilkö, -n bi:l-kö:
-aub damm, -et damm
Staubsauger dammsugare, -n damm-sü:gare
Stausee uppdämd sjö üppdämmd schö:
Steckdose eluttag, -et e:l-ü:t-ta:g
Stecker kontakt, -en kon'takt
stehen stå sto:
Stehplatz ståplats, -en sto:-plats
stellen ställa ställa
Stern stjärna, -n schä:rna
Stich *(Insekt)* sting, -et sting
Stiefel stövel, -n stöwel
Stift penna, -n penna
still tyst tyst
Stimme röst, -en röst
Stimmung stämning, -en stämmning
stören störa stö:ra
stornieren boka av bu:ka a:w
Störung störning, -en störning
Strafzettel böteslapp, -en bö:tes-lapp
Strand strand, -en strand

Strandbad **strandbad, -et** strand-ba:d
Straße **gata, -n** ga:ta
Straßenbahn **spårvagn, -en** spo:r-wagn
Straßenkarte **vägkarta, -n** wä:g-ka:rta
Streichhölzer **tändstickor, -na** tänd-stickur
Strom **ström, -strömmen** strömm
Strümpfe **strumpor, -na** strümpur
Strumpfhose **strumpbyxor, -na** *pl* strümp-byksur
Stück **bit, -en** bi:t; **stycke, -t** stycke
studieren **studera** stü'de:ra
stufenlos **utan trappsteg** ü:tan trapp-ste:g
Stuhl **stol, -en** stu:l
Stunde **timme, -n** timme
Sturm **storm, -en** sto:rm
stürmisch **stormig** sto:rmi
Sturmwarnung **stormvarning, -en** storm-wa:rning
Sturz **fall, -et** fall
stürzen **falla** falla
suchen **leta efter** le:ta efter
Süden **söder, -n** sö:der
Summe **summa, -n** sümma
Supermarkt **stormarknad, -en** stu:r-marknad
Suppe **soppa, -n** soppa
Surfbrett **surfbräda, -n** sürf-brä:da
surfen *(Internet)* **surfa på internet** sürfa po: internet; *(Sport)* **surfa** sürfa
süß **söt** sö:t
Süßigkeiten **godis, -et** gu:dis
Swimmingpool **swimmingpool, -en** swimming-pu:l
Synagoge **synagoga, -n** sy:na'go:ga
synchronisiert **dubbad** dübbad
Synthetik **syntetmaterial, -et** syn'te:t-materi'al

T

Tabak tobak, -en tu:bak
Tag dag da:g
Tagesgericht dagens rätt da:gens rätt
täglich dagligen da:gligen
Tal dal, -en da:l
Tampons tamponger, -na tam'ponger
tanken tanka tanka
Tankstelle bensinmack, -en ben'si:n-mack
tanzen dansa dansa
tanzen gehen gå ut och dansa go: ü:t o dansa
Tänzer dansare, -n dansare
Tasche väska, -n wäska
Taschendieb ficktjuv, -en fick-schü:w
Taschenlampe ficklampa, -n fick-lampa
Taschenmesser fickkniv, -en fick-kni:w
Taschenrechner miniräknare, -n mini-rä:knare
Taschentuch näsduk, -en nä:s-dü:k
Tasse kopp, -en kopp
taub döv dö:w
tauchen dyka dy:ka
Taucheranzug dykardräkt, -en dy:kar-dräckt
Taucherbrille dykglasögon *pl* dy:k-gla:s-ö:gon
tauschen byta by:ta
Taxi taxi, -n taksi
Taxistand taxistation, -en taksi-sta'schu:n
Tee te, -et te:
Teil del, -en de:l
Telefon telefon, -en tele'fo:n
telefonieren telefonera telefo'ne:ra
Telefonnummer telefonnummer, -numret tele'fo:n-nümmer
Teller tallrik, -en tall'rik
Tempel tempel, -templet tempel
Temperatur temperatur, -en tempera'tü:r
Tennis tennis, -en tennis
Termin tid, -en ti:d
Terrasse terrass, -en ter'rass

Testzentrum testcenter, -et testsenter
teuer dyr dy:r
Theater teater, -n te'a:ter
Theke kassa, -n kassa
Thermosflasche termos, -en termos
Thunfisch tonfisk, -en tu:n-fisk
Ticket biljett, -en bill'jett
Tief lågtryck, -et lo:g-tryck
Tier djur, -et jü:r
Tierarzt veterinär, -en weteri'nä:r
Tisch bord, -et bu:rd
Tischtennis bordtennis, -en bu:rd-tennis
Tochter dotter, -n dotter
Toilette toalett, -en toa'lett
Toilettenpapier toalettpapper, -pappret toa'lett-papper
toll toppen toppen
Tomate tomat, -en tu'ma:t
Topf gryta, -n gry:ta
Töpferei krukmakeri, -et krü:k-make'ri
Tor port, -en pu:rt
tot död dö:d
Tourist turist, -en tü'rist
tragen bära bä:ra
trampen lifta liffta
Treppe trappa, -n trappa
Tretboot trampbåt, -en tramp-bo:t
Trichter tratt, -en tratt
trinken dricka dricka
Trinkgeld dricks, -en dricks
Trinkwasser dricksvatten, -vattnet dricks-watten
trocken torr tor
trocknen torka torka
Tropfen droppe, -n droppe
T-Shirt t-shirt, -en ti:-schört
tun göra jö:ra
Tür dörr, -en dörr
türkis turkos tür'ko:s
Turm torn, -et tu:rn
Turnschuhe gymnastikskor jymna'sti:k-sku:r
Tüte påse, -n po:se

U

U-Bahn **tunnelbana, -n** tünnel-ba:na
U-Bahn-Station **tunnelbanestation, -en** tünnel-ba:ne-sta'schu:n
Übelkeit **illamående, -t** illa-mo:ende
über **över** ö:wer
überall **överallt** ö:wer'allt
Überfahrt **överfart, -en** ö:wer-fa:rt
Übergepäck **övervikt, -en** ö:wer-wickt
übermorgen **i övermorgon** i: ö:wer-morron
übernachten **övernatta** ö:wer-natta
Übernachtung **övernattning, -en** ö:wer-nattning
Überraschung **överraskning, -en** ö:wer-raskning
überreden **övertala** ö:wer-ta:la
Überweisung **överföring, -en** ö:wer-'fö:ring
übrig **övrig** ö:wrig
Ufer **kust, -en** küst
Uhr **klocka, -n** klocka
um **klockan** klockan
Umgebung **omgivning, -en** om-ji:wning
umkehren **vända** wända
Umkleidekabine **omklädningsrum, -met** omm-klä:dnings-rümm
Umleitung **trafikomläggning** tra'fi:k-om-läggning
umsteigen **byta tåg** by:ta to:g; *(Bus)* **byta buss** by:ta büss; *(Zug)* **byta tåg** by:ta to:g
umtauschen **byta** by:ta
Umweg **omväg, -en** omm-wä:g
und **och** o:
Unfall **olycka, -n** u:lycka
ungefähr **ungefär** ünje'fä:r
Unglück **olycka, -n** u:lycka
ungültig **ogiltig** u:jilti
unhöflich **oartig** u:arti
unten **nere** ne:re
unter **under** ünder
unterbrechen **avbryta** a:w-bry:ta

Unterhemd undertröja, -n
ünder-tröija
Unterkunft *(Wohnung)*
bostad, -en bu:sta:d
Unterschied skillnad, -en
schillnad
Unterschrift underskrift, -en
ünder-skrift
Untertitel text, -en tekst
Unterwäsche underkläder *pl*
ünder-klä:der
Unwetter oväder, -ovädret
u:wä:der
Urlaub semester, -n
se'mester
Urologe urolog, -en üro'lo:g
Ursache orsak, -en
u:r-scha:k
USB-Stick USB-stick, -et
ü:ess'be:-stick
UV-Filter UV-filter, -filtret
ü:we:-filter

V

Vase vas, -en wa:s
Vater far, -fadern fa:r
vegan vegan wega:n
vegetarisch vegetarisk
wege'ta:risk
Ventil ventil, -en wen'ti:l
Ventilator fläkt, -en fläckt
Veranstaltung
evenemang, -et
ewene'mang
verantwortlich ansvarig
ann-swa:ri
Verbandskasten
förbandslåda, -n för'bands-lo:da
Verbandszeug
förbandsartiklar *pl*
för'bands-ar'tiklar
Verbindungskabel
anslutningskabel, -n
annslü:tnings-ka:bel
verboten förbjuden
för-'bjü:den
vergessen glömma glömma
vergleichen jämföra
jämm-fö:ra
Vergnügen nöje, -t nöije
verhaften anhålla
ann-holla
verheiratet gift jift
verkehrt fel fe:l

Verlängerungskabel förlängningssladd, -en för-'längnings-sladd
Verlängerungswoche *(Urlaub)* extravecka, -n ekstra-wecka
Verletzung skada, -n ska:da
verlieren förlora för-'lu:ra
verlobt förlovad för-lo:wad
Verlobte fästmö, -n fäst-mö:
Verlobter fästman, -mannen fäst-mann
vermieten hyra ut hy:ra ü:t
vermissen sakna sa:kna
Verpackung förpackning, -en för-packning
Versicherung försäkring, -en för-'schä:kring
Verspätung försening, -en för-'sche:ning
versprechen lova lo:wa
verstehen förstå för-'schto:
Verstopfung förstoppning, -en för-'stoppning
Versuch försök, -et för-'schö:k
Vertrag kontrakt, -en kon'trakt
verwechseln blanda ihop blanda i'hu:p
viel mycket mycke
vielleicht kanske kansche
Viertelstunde kvart, -en kwart
Visitenkarte visitkort, -et wi'si:t-kurt
Volkskundemuseum etnografiskt museum, -museet etno'gra:fiskt mü'se:üm
voll full füll
Volleyball volleyboll, -en wolle:-boll
Vollkornbrot fullkornsbröd, -et füll-ku:rns-brö:d
Vollpension helpension, -en he:l-pan'schu:n
von från fro:n
Voranmeldung föranmälan för-ann'mä:lan

Vorfahrt **förkörsrätt, -en**
för-chörs-rätt
vorgestern **i förrgår**
i: förr-go:r
Vormittag **förmiddag, -en**
för-midda:g
vormittags **på förmiddagen**
po: för-midda:gen
Vorname **förnamn, -et**
för-namn
Vorort **förort, -en** för-u:rt
Vorsaison **försäsong, -en**
för-säsong
Vorschlag **förslag, -et**
för-'schla:g
Vorschrift **bestämmelse, -n**
be-'stämmelse
Vorspeise **förrätt, -en**
för-rätt
vorstellen **presentera**
presen'te:ra

W

Wagenheber **domkraft, -en**
du:m-kraft
Waggon **vagn, -en** wagn
Währung **valuta, -n** wa'lü:ta
Wald **skog, -en** sku:g
Wallfahrtsort
vallfärdsort, -en
wallfärds-u:rt
Wanderkarte
vandringskarta, -n
wandrings-ka:rta
wandern **vandra** wandra
Wanderweg
vandringsled, -en
wandrings-le:d
Wandmalerei
väggmålning, -en
wägg-mo:lning
wann **när** nä:r
Wappen **vapen, -vapnet**
wa:pen
warm **varm** warm
Warndreieck
varningstriangel, -n
wa:rnings-tri'angel
Warnung **varning, -en**
wa:rning
warten **vänta** wänta
warum **varför** war-för
was **vad** wa:d
Waschbecken **handfat, -et**
hand-fa:t

Wäscheklammern klädnypor, -na klä:d-ny:pur
Wäscheleine tvättlina, -n twätt-li:na
waschen tvätta twätta
Wäschetrockner torktumlare, -n tork-tümmlare
Waschmaschine tvättmaskin, -en twätt-ma'schi:n
Waschmittel tvättmedel, -medlet twätt-me:del
Waschraum tvättrum, -met twätt-rümm
Wasser vatten, -vattnet watten
Wasserball vattenpolo, -n watten-pulo
Wasserfall vattenfall, -et watten-fall
Wasserhahn vattenkran, -en watten-kra:n
Wassermelone vattenmelon, -en watten-me'lu:n
Wasserski vattenskidor *pl* watten-schi:dur
Watte bomull, -en bum-'üll
WC toalett, -en toa'lett
wechselhaft växlande wäkslande
wechseln byta by:ta
Wechselstube växelkontor, -et wäksel-kon'tu:r
Wecker väckarklocka, -n wäckar-klocka
Weg väg, -en wä:g
wegen på grund av po: gründ a:w
wegfahren åka bort o:ka bort
wehtun göra ont jö:ra u:nt
weiblich kvinnlig kwinnli
weich mjuk mjü:k
Weihnachten jul, -en jü:l
Wein vin, -et wi:n
Weintrauben vindruvor wi:n-drü:wur
weiß vit wi:t
Weißwein vittvin, -et witt-wi:n

weit långt longt
Weitwinkelobjektiv vidvinkelobjektiv, -et wi:d-winkel-objek'ti:w
Welle våg, -en wo:g
Welt värld, -en wä:rd
wenig lite li:te
wer vem wemm
Werk verk, -et werk
Werkstatt verkstad, -en werk-sta:d
Werkzeug verktyg *pl* werk-ty:g
Weste väst, -en wäst
Westen väster wäster
Wetter väder, -vädret wä:der
Whirlpool bubbelpool, -en bübbel-pu:l
wichtig viktig wickti
wie hur hü:r
wiederholen upprepa üpp-re:pa
wiederkommen komma tillbaka komma till'ba:ka
Wiese äng, -en äng
Wikinger viking, -en wi:king
Wikingerschiff vikingaskepp, -et wi:kinga-schepp
Wildleder mockaskinn, -et mocka-schinn
Wind vind, -en wind
Winter vinter, -n winter
wir vi wi:
Wirbel ryggkota, -n rygg-ku:ta
Wirbelsäule ryggrad, -en ryg-gra:d
wissen veta we:ta
wo var wa:r
Woche vecka, -n wecka
Wochenende helg, -en helj
wohnen bo bu:
Wohnmobil husbil, -en hü:s-bi:l
Wohnort hemort, -en hemm-u:rt
Wohnung lägenhet, -en lä:genhe:t
Wohnwagen husvagn, -en hü:s-wagn
Wolke moln, -et muln
Wolle ull, -en üll
wollen vilja wilja

woraus ur vad ü:r wa:d
Wörterbuch ordbok, -en u:rd-bu:k
Wunde sår, -et so:r
Wunsch önskan önnskan
Würstchen korv, -en korw
Wurzel rot, -en ru:t

Z

Zahl tal, -et ta:l
zählen räkna rä:kna
Zahn tand, -en tand
Zahnarzt tandläkare, -n tand-lä:kare
Zahnbürste tandborste, -n tand-borschte
Zahnpasta tandkräm, -en tand-krä:m
Zahnstocher tandpetare, -n tand-pe:tare
Zange tång, -en tong
Zeckenbiss fästingbett, -et fästing-bett
Zehe tå, -n to:
Zeichnung teckning, -en teckning
zeigen visa wi:sa
Zeit tid, -en ti:d
Zeitung tidning, -en ti:dning
Zelt tält, -et tält
zelten tälta tälta
Zentrum centrum, -centret sentrüm
zerbrechlich ömtålig ömm-to:lig
Zertifikat certifikat, -et sertifi'ka:t
Zeuge, Zeugin vittne, -t wittne
ziehen dra dra:
Zigaretten cigaretter siga'retter
Zigarren cigarrer, -na si'garrer
Zimmer rum, -met rümm
Zirkus cirkus, -en sirküs
Zitrone citron, -en si'tru:n
Zoll tull, -en tüll
Zoo zoo su:
zu viel för mycket fö:r mycke
zu wenig för lite fö:r li:te
Zucker socker, -sockret socker
zufrieden nöjd nöjd

Zug tåg, -et to:g
Zunge tunga, -n tünga
zurück tillbaka till'ba:ka
zurückgeben lämna tillbaka
lämna till'ba:ka
zusammen tillsammans
till'sammans
zusammen bezahlen betala
tillsammans
be-'ta:la till'sammans
Zusammenstoß
krock, -en krock
zusätzlich ytterligare
ytter-ligare
Zuschlag tillägg, -et
till-lägg
zuständig ansvarig
ann-swa:ri
zuverlässig pålitlig
po:-li:tli
Zwieback skorpa, -n sko:rpa
Zwiebel lök, -en lö:k
zwischen mellan
mellan
Zwischenlandung
mellanlandning, -en
mellan-landning

Schwedisch–Deutsch

A

adapter Adapter
adress Adresse
advokat Rechtsanwalt, -anwältin
affisch Poster
affär Geschäft
akutläkare Notarzt
aldrig nie
alla *pl* alle
allergi Allergie
allt *n* alles
alltid immer
aluminiumfolie Alufolie
ananas Ananas
andra *pl* andere
anhålla verhaften
ankomma ankommen
ankomst Ankunft
anmälan Anmeldung
annat *n* anderes
ansikte Gesicht
anslutningsflyg Anschlussflug
anslutningskabel Verbindungskabel
antibiotikum Antibiotikum
antik antik
antikvitet Antiquität
användarnamn Benutzername
apelsin Orange
apelsinjuice Orangensaft
apotek Apotheke
aprikos Aprikose
april April
arm Arm
armband Armband
ask Schachtel
askkopp Aschenbecher
aubergine Aubergine
augusti August
avbryta abbrechen; unterbrechen
avgaser Abgase
avgasrör Auspuff
avgift Gebühr
avgång Abfahrt; Abflug
avresa abreisen
avsluta beenden
axel Schulter
äga rum stattfinden

ägg Ei
äkta echt
älska lieben
ändhållplats Endstation
äng Wiese
ännu noch
äntligen endlich
äppeljuice Apfelsaft
äpple Apfel
äta essen
äta frukost frühstücken
även sogar

B

baby Baby
babypuder Babypuder
bada baden
badbyxor *pl* Badehose
baddräkt Badeanzug
bad Bad
badkar Badewanne
badrock Bademantel
badrum Badezimmer
bagage Gepäck
bageri Bäckerei
bak hinten
baklänges rückwärts
bakom hinter
bakverk Gebäck
balett Ballett
banan Banane
bank Bank *(Geldinstitut)*
bankomat Geldautomat
bar Bar
bara nur
barn Kind
barnläkare Kinderarzt
barnportion Kinderteller
barnsits Kindersitz
barnsäng Kinderbett
barnvagn Kinderwagen
basilika Basilikum
basketboll Basketball
bastu Sauna
batteri Batterie
behöva brauchen
beige beige
bekväm bequem
belopp Betrag
ben Bein; Gräte; Knochen
bensinmack Tankstelle
berg Berg
bergskedja Gebirge
berömd berühmt
bestick Besteck
beställa bestellen
bestämmelse Vorschrift

besöka besuchen
betala tillsammans zusammen bezahlen
betala var för sig getrennt bezahlen
betjäning Bedienung *(Service)*
bett Biss
BH BH
bibliotek Bibliothek
bikini Bikini
bil Auto
bild Bild
bilfärja Autofähre
biljett Fahrkarte; Ticket
biljettpris Fahrpreis
bilkö Stau
billig billig; günstig
billigare billiger
bilpapper Fahrzeugpapiere
biluthyrning Autovermietung
biograf Kino
bit Stück
bjuda einladen
blanda ihop verwechseln
blind blind
blixt Blitz
blixtlås Reißverschluss
blod Blut
blomma Blume
blomsteraffär Blumengeschäft
blus Bluse
blå blau
blödning Blutung
blöt nass
bo wohnen
boardingcard Bordkarte
bobbana Rodelbahn
bok Buch
boka buchen; reservieren
boka av stornieren
bokhandel Buchhandlung
boll Ball
bomull Baumwolle; Watte
bord Tisch
bordtennis Tischtennis
borg Burg
borste Bürste
bostad Unterkunft *(Wohnung)*
botaniska trädgården Botanischer Garten
bottenvåning Erdgeschoss
bowla kegeln
bowlingbana Kegelbahn
bra gut *(Qualität)*

brandsläckare Feuerlöscher
bredvid neben
brev Brief
bro Brücke
broms Bremse
bror Bruder
broschyr Prospekt
brun braun
brunn Brunnen
bruten gebrochen
brådskande dringend
brännvin Schnaps
bröd Brot
bröst Brust
bubbelpool Whirlpool
burk Dose
burköppnare Dosenöffner
buss Bus
busshållplats Bushaltestelle
busstation Busbahnhof
by Dorf
byggnad Gebäude
byta tauschen; umtauschen; wechseln
byta buss umsteigen *(Bus)*
byta tåg umsteigen *(Zug)*
byta ut auswechseln
byxor *pl* Hose
båda beide
båtuthyrning Bootsverleih
bägare Becher
bälte Gürtel
bänk Bank *(Sitzplatz)*
bära tragen
bärgningsbil Abschleppwagen
böteslapp Strafzettel

C

camping Camping
campingplats Campingplatz
CD CD
centrum Stadtzentrum; Zentrum
certifikat Zertifikat
chaufför Fahrer(in)
chipkort Speicherkarte *(Chip)*
chipkortläsare Speicherkartenlesegerät
chock Schock
choklad Schokolade
cigaretter Zigaretten
cigarrer Zigarren
circulationsrubbningar Kreislaufstörungen
cirkus Zirkus
citron Zitrone

cocktail Cocktail
cykel Fahrrad
cykelkorg Fahrradkorb
cykelväg Radweg

D

dag Tag
i dag heute
dagens rätt Tagesgericht
dagligen täglich
dal Tal
damm Staub
dammsugare Staubsauger
dansa tanzen
dansare Tänzer(in)
datum Datum
december Dezember
deckare Krimi
del Teil
delikatessaffär Feinkostgeschäft
deodorant Deo
depositionsavgift Kaution
desinfektionsmedel Desinfektionsmittel
detsamma dasselbe
diabetes Diabetes
diaré Durchfall
diet Diät
dietkost Schonkost
digitalkamera Digitalkamera
dimma Nebel
direkt direkt
disig diesig
disk Schalter *(Fahrkarten, Bank usw.)*
diskmedel Spülmittel
disktrasa Spültuch
djur Tier
domare Richter(in); Schiedsrichter(in)
domkraft Wagenheber
domkyrka Dom
doppvärmare Tauchsieder
dotter Tochter
dra ziehen
dressing Salatsoße
dricka trinken
dricks Trinkgeld
dricksvatten Trinkwasser
droppe Tropfen
drottning Königin
dryck Getränk
du du
dubbad synchronisiert
dubbelsäng Doppelbett
dum dumm

dusch Dusche
duscha duschen
duschkräm Duschgel
dyka tauchen
dykardräkt Taucheranzug
dykglasögon *pl* Taucherbrille
dyr teuer
dålig schlecht; schlimm
däck Deck; Reifen
där dort
därefter danach
död tot
dörr Tür
döv taub

eluttag Steckdose
en gång einmal
enfärgad einfarbig
enkel einfach
enkelsäng Einzelbett
ensam allein
ensamstående Single
enskild einzeln
etnografiskt museum Volkskundemuseum
evenemang Veranstaltung
exempel Beispiel
extravecka Verlängerungswoche *(Urlaub)*

E

ebb Ebbe
eftermiddag Nachmittag
i eftermiddag heute Nachmittag
efterrätt Nachtisch
ej simkunnig Nichtschwimmer
eld Feuer
elegant elegant
elektronkort EC-Karte
elev Schüler(in)
eller oder

F

fall Sturz; Fall
falla stürzen
fallskärmshoppning Fallschirmspringen
familj Familie
far Vater
farlig gefährlich
fattas fehlen
fattig arm
feber Fieber
febertermometer Fieberthermometer

februari Februar
fel verkehrt
fel Fehler
fet fett
fickkniv Taschenmesser
ficklampa Taschenlampe
ficktjuv Taschendieb
filma filmen
filter Filter
finger Finger
fingernagel Fingernagel
fisk Fisch
fiska fischen
fjällräddning Bergwacht
flaska Flasche
flasköppnare Flaschenöffner
flicka Mädchen
flickvän Freundin *(Partnerin)*
flod Fluss; Flut
flyga fliegen
flygbuss Flughafenbus
flygplan Flugzeug
flygplats Flughafen
flygplatsskatt Flughafengebühr
flygvärd Flugbegleiter
flygvärdinna Flugbegleiterin
flytväst Schwimmweste
fläkt Ventilator
fläskkött Schweinefleisch
fot Fuß
fotboll Fußball
fotbollsmatch Fußballspiel
foto Foto
fotografera fotografieren
fralla Brötchen
fredag Freitag
fri frei *(ungebunden)*
frimärke Briefmarke
frisk gesund
frisyr Frisur
frisörsalong Friseursalon
frost Frost
fru Frau *(Anrede)*; Ehefrau
frukost Frühstück
frukostbuffé Frühstücksbüfett
frukostmatsal Frühstücksraum
frukt Obst
fru Ehefrau
frysa frieren
fråga fragen
från von
främmande fremd
fuktig feucht
full voll
fullkornsbröd Vollkornbrot

fungera funktionieren
få dürfen; bekommen
fågel Vogel; Geflügel
fåtölj Sessel
färdväg Route
färg Farbe
färgglad bunt
färja Fähre
färsk frisch
fästingbett Zeckenbiss
fästman Verlobter
fästmö Verlobte
följa med begleiten
fön Föhn
fönster Fenster
fönsterplats Fensterplatz
för für
för lite zu wenig
för mycket zu viel
föranmälan Voranmeldung
förbandsartiklar *pl* Verbandszeug
förbandslåda Verbandskasten
förbjuden verboten
förhoppningsvis hoffentlich
förkylning Erkältung
förkörsrätt Vorfahrt
förlora verlieren
förlovad verlobt
förlängningssladd Verlängerungskabel
förmiddag Vormittag
förnamn Vorname
förort Vorort
förpackning Verpackung
i förrgår vorgestern
förrätt Vorspeise
försening Verspätung
förskräcklig scheußlich
förslag Vorschlag
förstoppning Verstopfung
förstå verstehen
försäkring Versicherung
försäsong Vorsaison
försök Versuch
förvaringsbox Schließfach

G

gaffel Gabel
galleri Galerie
gamla stan Altstadt
gammal alt
garanti Garantie
garderob Garderobe
gasbinda Mullbinde
gaskök Gaskocher

gasolpatron Gaskartusche
gata Straße
ge geben
gelé Gel
gemensam gemeinsam
genast sofort
genom durch
gift verheiratet
giftig giftig
giltig gültig
glas Glas
glass Eis
glasögon *pl* Brille
glida rutschen
glödlampa Glühbirne
glömma vergessen
i god tid rechtzeitig
godis Süßigkeiten
golf Golf
grad Grad
granne Nachbar
gratis gratis
grav Grab
gravid schwanger
grillkol Grillkohle
grotta Höhle
grund seicht
gryning Dämmerung *(morgens)*
gryta Topf
grå grau
grädde Sahne
gräns Grenze
grön grün
grönsaker *pl* Gemüse
gudstjänst Gottesdienst
gul gelb
guld Gold
guldfärgat golden
gummibåt Schlauchboot
gymnastikskor Turnschuhe
gynekolog Frauenarzt
gå gehen
gå ut och äta essen gehen
gågata Fußgängerzone
i går gestern
gäst Gast
göra machen; tun
göra ont wehtun

H

ha haben
hagel Hagel
hallon Himbeeren
hals Hals
halsbränna Sodbrennen
halsduk Halstuch; Schal

halv halb
halvö Halbinsel
hammare Hammer
hamn Hafen
han er
hand Hand
handarbete Handarbeit
handbagage Handgepäck
handboll Handball
handbroms Handbremse
handduk Handtuch
handfat Waschbecken
handikappad behindert
handikappvänlig behindertengerecht
handkräm Handcreme
handla einkaufen
handpenning Anzahlung
handskar Handschuhe
handväska Handtasche
hatt Hut
hav Meer
hel ganz
helg Wochenende
helgdag Feiertag
hellre lieber
helpension Vollpension
hemgjord hausgemacht
hemort Wohnort
herr Herr
het heiß
heta heißen
hink Eimer
hiss Aufzug; Fahrstuhl; Lift
hitta finden *(auffinden)*
hittegodsavdelning Fundbüro
hjul Rad
hjälm Helm
hjälp Hilfe
hjälpa helfen
hjärna Gehirn
hjärta Herz
homeopatisk homöopathisch
honung Honig
hosta Husten
hostmedicin Hustensaft
hotell Hotel
hud Haut
hudläkare Hautarzt, -ärztin
hund Hund
hungrig hungrig
hur wie
hus Haus
husbil Wohnmobil
husvagn Wohnwagen
huvud Kopf

huvudrätt Hauptgericht
huvudstad Hauptstadt
hyra Miete
hyra mieten
hyra ut vermieten
håll Richtung
hållplats Haltestelle
hår Haar
hård hart
hårspray Haarspray
hårspänne Haarspange
hårtofs Haargummi
hämta abholen; holen
här hier
häst Pferd
höft Hüfte
hög hoch
höger rechts
högsäsong Hauptsaison
högt laut
höra hören
hörlurar *pl* Kopfhörer
hörn Ecke
hösnuva Heuschnupfen
höst Herbst

I

i in
ibland manchmal
idrott Sport
illamående Übelkeit
infart Einfahrt
infektion Infektion
inflammation Entzündung
influensa Grippe
information Auskunft; Information
ingen niemand
inget nichts
ingång Eingang
inkluderad inbegriffen
inne drinnen
innerstad Innenstadt
insektsbett Insektenstich
insektsspray Insektenspray
inskrift Inschrift
insulin Insulin
inte nicht
intressant interessant
inträde Eintritt

J

ja ja
jacka Jacke

jag ich
januari Januar
jeans Jeans
jobba arbeiten
jod Jod
jogga joggen
jord Erde
jordgubbar Erdbeeren
jordnötter Erdnüsse
juice Saft
jul Weihnachten
juli Juli
juni Juni
juvelerare Juwelier(in)
jämföra vergleichen
järnvägsstation Bahnhof

K

kabel Kabel
kafé Café
kaffe Kaffee
kaffebryggare Kaffeemaschine
kajak Kajak
kajplats Anlegestelle *(Schiff)*
kaka Kuchen
kakao Kakao
kall kalt
kalvkött Kalbfleisch
kam Kamm
kanot Kanu
kanske vielleicht
kapell Kapelle
kappa Mantel *(Damen)*
kapten Kapitän
karat Karat
karta Karte; Landkarte
kasino Spielkasino
kassa Kasse; Theke
kassaskåp Safe
katalog Katalog
kedja Kette
kemtvätt Reinigung *(Geschäft)*
keramik Keramik
ketchup Ketchup
kex Kekse
kilometer Kilometer
kiosk Kiosk
kjol Rock
klaga sich beschweren
klar fertig; klar
klimat Klima
klocka Uhr
kloster Kloster

klädhängare Kleiderbügel
klädnypor Wäscheklammern
klänning Kleid
klättra klettern
knapp Knopf; Schalter *(elektrisch)*
kniv Messer
knä Knie
koka kochen
kokbok Kochbuch
komma ifrån kommen aus
komma tillbaka wiederkommen
konditori Konditorei
kondom Kondom
konduktör Schaffner(in)
konsert Konzert
konst Kunst
konsthantverk Kunsthandwerk
konstnär Künstler(in)
konstsamling Kunstsammlung; Gemäldesammlung
kontakt Stecker; Kontakt
kontant bar
kontrakt Vertrag
kontusion Prellung
kopia Kopie
kopp Tasse
korkskruv Korkenzieher
korsning Kreuzung
kort kurz
(spel)kort Spielkarten
korv Würstchen
kosta kosten
kostym Anzug; Kostüm
kramp Krampf
kreditkort Kreditkarte
krock Zusammenstoß
kropp Körper
kroppslotion Körperlotion
krukmakeri Töpferei
krycka Krücke
kryddad gewürzt
kryddor Gewürze
kryssning Kreuzfahrt
kudde Kopfkissen
kulle Hügel
kulspetspenna Kugelschreiber
kung König
kunna können
kupé Abteil *(Zug)*
kupol Kuppel
kurs Kurs
kurva Kurve
kust Küste; Ufer

kuvert Briefumschlag
kvalitet Qualität
kvarn Mühle
kvart Viertelstunde
kvast Besen
kvav schwül
kvinna Frau
kvinnlig gynekolog Frauenärztin
kvinnlig läkare Ärztin
kvinnlig weiblich
kvitto Quittung
kväll Abend
i kväll heute Abend
kyckling Hähnchen
kylig kühl
kylskåp Kühlschrank
kylväska Kühltasche
kypare Kellner
kyrka Kirche
kyrkogård Friedhof
kyrktorn Kirchturm
kyssa küssen
källa Quelle
känna spüren
kök Küche
kökshandduk Geschirrtuch
köpa kaufen
köpcentrum Einkaufszentrum
köra fahren *(steuern)*
kör Chor
körkort Führerschein
körsbär Kirschen
kött Fleisch

L

ladda aufladen
laddare Ladegerät
laddningssladd Ladekabel
lag Mannschaft
lakan Bettlaken
lammkött Lammfleisch
lampa Lampe
land Land
landning Landung
landskap Landschaft
landsväg Landstraße
lavin Lawine
led Gelenk
legitimation Personalausweis
legitimationskort Ausweis
lekplats Spielplatz
leksak Spielzeug
leta efter suchen

leva leben
lever Leber
lifta trampen
liggunderlag Isomatte
lik ähnlich
lika gleich *(Vergleich)*
lila lila
lina Seil
linbana Seilbahn
linne Leinen *(Stoff)*
lite wenig
lite grann bisschen
litet *n* klein
livboj Rettungsring
livbåt Rettungsboot
livemusik Livemusik
livsmedelsaffär Lebensmittelgeschäft
ljus hell
ljus Kerze; Licht
ljusrosa rosa
lobby Foyer
lockar Locken
lokal tid Ortszeit
loppmarknad Flohmarkt
lova versprechen
luft Luft
luftförorening Luftverschmutzung
luftkonditionering Klimaanlage
luftmadrass Luftmatratze
lugg Pony
lugn ruhig
lukta riechen
lunch Mittagessen
lunga Lunge
lycklig glücklich
lågsäsong Nachsaison
lågtryck Tief
lång lang
långsam langsam
långt weit
läder Leder
lägenhet Wohnung
läkare Arzt, Ärztin
lämna tillbaka zurückgeben
längdskidåkning Langlauf
läppstift Lippenstift
lära sig lernen
läsa lesen
läsk Limonade
lätt leicht
lättmjölk fettarme Milch
lök Zwiebel
lördag Samstag
lösenord Passwort
löständer *pl* Gebiss

M

madrass Matratze
mage Bauch
mager mager
magsäck Magen
maj Mai
majs Mais
man man
man Mann; Ehemann
marknad Markt
marknadstorg Marktplatz
marmelad Marmelade
mars März
massage Massage
mat Essen
matsal Speisesaal
matsedel Speisekarte
matsäck Proviant
med mit
medeltid Mittelalter
medicin Medizin
mellan zwischen
mellanlandning Zwischenlandung
men aber
menstruation Menstruation
meny Menü
mer mehr
meter Meter
middag Abendessen
migrän Migräne
mineralvatten Mineralwasser
minigolfbana Minigolfplatz
miniräknare Taschenrechner
minnesmärke Denkmal
minut Minute
missförstånd Missverständnis
mittemot gegenüber
mitt Mitte
mjuk weich
mjölk Milch
mobiltelefon Handy; Mobiltelefon
mobiltelefonnummer Handynummer
mockaskinn Wildleder
modern modern
moln Wolke
molnig bewölkt
moms Mehrwertsteuer
mor Mutter
i morgon morgen
i morse heute Morgen
moské Moschee
motor Motor
motorbåt Motorboot

motorcykel Motorrad
motorfel Panne
motorväg Autobahn
mousserande vin Sekt
MP3-spelare MP3-Player
mun Mund
mur Mauer
museum Museum
musik Musik
musikaffär Musikgeschäft
musikal Musical
muskel Muskel
musslor Muscheln
mycket sehr; viel
myggnät Moskitonetz
myggskydd Mückenschutz
myggspiral Moskitospirale
mynt Münze
müsli Müsli
måleri Malerei
månad Monat
måndag Montag
måne Mond
måste müssen
människa Mensch
mässa Messe
möjlig möglich
mörk dunkel
mörkrosa pink
mörkt bröd Schwarzbrot
mössa Mütze

N

nacke Nacken
nagelborste Nagelbürste
nagelfil Nagelfeile
nagellack Nagellack
nagellacksborttagare Nagellackentferner
nagelsax Nagelschere
naken nackt
namn Name
napp Schnuller
nappflaska Babyfläschchen
narkotika Rauschgift
nationalitet Nationalität; Staatsangehörigkeit
nationalitetsbeteckning Nationalitätskennzeichen
nationalpark Nationalpark
natt Nacht
natur Natur
naturreservat Naturschutzgebiet
navigationsapparat Navigationsgerät

navigationssystem Navigationssystem
nej nein
nektarin Nektarine
nere unten
nerv Nerv
njure Niere
noga genau
norr Norden
november November
nu jetzt; nun
nudiststrand FKK-Strand
ny neu
nyckel Schlüssel
nyhet Nachricht
nyårsafton Silvester
nyårsdag Neujahr
någon jemand
något etwas
när wann
näsa Nase
näsduk Taschentuch
nästa nächster
nästa år nächstes Jahr
nätspänning Netzspannung
nödutgång Notausgang
nöjd zufrieden
nöje Vergnügen
nötkött Rindfleisch

O

oartig unhöflich
objektiv Objektiv
och und
också auch
ofreda belästigen
ofta oft
ogiltig ungültig
okej in Ordnung
oktober Oktober
oliver Oliven
olja Öl
olycka Unfall; Unglück
omgivning Umgebung
om in *(zeitlich)*; falls
omklädningsrum Umkleidekabine
område Gebiet; Gegend
omväg Umweg
ond böse
onsdag Mittwoch
opera Oper; Opernhaus
operett Operette
optiker Optiker
ordbok Wörterbuch
ordning Ordnung
oregano Oregano
orgel Orgel

original Original
originalversion Originalfassung
orkester Orchester
orsak Ursache
ortoped Orthopäde
ost Käse
oväder Unwetter
ö Insel
öde Schicksal
öga Auge
ögondroppar *pl* Augentropfen
ögonläkare Augenarzt, -ärztin
öl Bier
ömtålig zerbrechlich
önskan Wunsch
öppen offen
öppen spis Kamin
öppet geöffnet
öra Ohr
örhängen Ohrringe
öron-näsa-halsläkare Hals-Nasen-Ohren-Arzt
örter Kräuter
Österrike Österreich
över über
överallt überall
överfart Überfahrt
överföring Überweisung
i övermorgon übermorgen
övernatta übernachten
övernattning Übernachtung
överraskning Überraschung
övertala überreden
övervikt Übergepäck
övrig übrig

P

paket Päckchen
palats Palast
panna Stirn
papper Papier; Papiere
pappersnäsdukar Papiertaschentücher
paraply Schirm
parfym Parfüm
parfymeri Drogerie; Parfümerie
park Park
parkera parken
parkeringsautomat Parkscheinautomat

parkeringsförbud Parkverbot
parkeringshus Parkhaus
parkeringsmätare Parkuhr
parkeringsplats Parkplatz
pass Pass; Reisepass
pasta Nudeln
paus Pause
pelare Säule
pengar *pl* Geld
penna Stift
pennvässare Spitzer
peppar Pfeffer
persika Pfirsich
personlig persönlich
pilot Pilot
pincett Pinzette
pingst Pfingsten
pinkod Geheimzahl
pipa Pfeife
plakat Plakat
plastfolie Frischhaltefolie
plats Platz
plattform Bahnsteig
plommon Pflaume
plåster Pflaster
pojke Junge
polis Polizei; Polizist
poliskvinna Polizistin
porslin Geschirr
portal Portal
port Tor
portion Portion
porträtt Porträt
postnummer Postleitzahl
potatisar Kartoffeln
prata sprechen
present Geschenk
presentera vorstellen
presentkort Gutschein
pris Preis
privat privat
program Programm
promenad Spaziergang
prova probieren
pröva prüfen
p-skiva Parkscheibe
pub Kneipe
puder Puder
pulver Pulver
pyjamas Schlafanzug
på eftermiddagen nachmittags
på förmiddagen vormittags
på grund av wegen
på kvällen abends

på marknivå ebenerdig
på morgonen morgens
på natten nachts
pålitlig zuverlässig
påse Tüte
påsk Ostern
päron Birne

R

rabatt Ermäßigung; Rabatt
rad Reihe
radio Radio
raka rasieren
rakapparat Rasierapparat
rakblad Rasierklinge
raklödder Rasierschaum
rakt fram geradeaus
rastplats Raststätte
ravin Schlucht
rea Ausverkauf
recept Rezept
reception Empfang; Rezeption
redan schon
regna regnen
regnig regnerisch
regnjacka Regenjacke
regnkappa Regenmantel
regnskur Regenschauer
reklamation Beanstandung; Reklamation
rekommendera empfehlen
ren sauber
rengöringsmedel Putzmittel
reparation Reparatur
reparera reparieren
resa Reise
resebyrå Reisebüro
resegrupp Reisegruppe
reservdel Ersatzteil
reservdäck Reservereifen
reserverad reserviert
resgodsförvaring Gepäckaufbewahrung
restaurang Restaurant
restaurangvagn Speisewagen
restaurerad restauriert
resväska Koffer; Reisetasche
returflyg Rückflug
revben Rippe
rida reiten
rik reich
ring Ring

ris Reis
risk Risiko
riskabel riskant
rock Mantel *(Herren)*
roddbåt Ruderboot
roman Roman
ropa rufen
rosmarin Rosmarin
rot Wurzel
ruin Ruine
rullstol Rollstuhl
rulltrappa Rolltreppe
rum Zimmer
rund rund
rundtur Rundfahrt
rygg Rücken
ryggkota Wirbel
ryggrad Wirbelsäule
ryggsäck Rucksack
rå roh
råd Rat
rådhus Rathaus
rädda retten
räkna rechnen; zählen
räkning Rechnung
rätt richtig
rätt Gericht *(Essen)*
röd rot
rödvin Rotwein
röka rauchen
röst Stimme

S

sadel Sattel
sak Sache
sakna vermissen
sal Saal
sallad Salat
salt Salz
saluhall Markthalle
salva Salbe
samling Sammlung
sandaler Sandalen
sand Sand
sandstrand Sandstrand
sax Schere
Schweiz Schweiz
schweiziska franc Schweizer Franken
se sehen
sed Sitte
sedan dann; seit
segelbåt Segelboot
seger Sieg
segla segeln

sekund Sekunde
semesterhus Ferienhaus *(allgem.)*
semesterlägenhet Ferienwohnung
semester Ferien; Urlaub
sena Sehne
senap Senf
senare später
sent spät
september September
servett Serviette
servitris Kellnerin
sevärdhet Sehenswürdigkeit
sida Seite
siden Seide
sikt Sicht
silver Silber
silverfärgad silbern
simfötter *pl* Schwimmflossen
simhall Schwimmbad
simkuddar *pl* Schwimmflügel
simma schwimmen
sitta sitzen
sittlift Sessellift
sjuk krank
sjukdom Krankheit
sjukhus Krankenhaus
sjunga singen
självbetjäning Selbstbedienung
sjö See
sjöborre Seeigel
sjöfartsmuseum Schifffahrtsmuseum
sjögång Seegang
sjösjuk seekrank
sjösäck Seesack
skada Schaden; Verletzung
skadlig schädlich
sked Löffel
skepp Schiff
skeppsförmedling Schiffsagentur
skicka schicken
skida Ski
skidspår Loipe
skillnad Unterschied
skinka Schinken
skjorta Hemd
skjuta schieben; schießen
skoaffär Schuhgeschäft
skog Wald
skoj Spaß

skokräm Schuhcreme
skola sollen
skola Schule
skollov Schulferien
skomakare Schuhmacher
skor Schuhe
skorpa Zwieback
skosnöre Schnürsenkel
skratta lachen
skrika schreien
skriva schreiben
skriva ut drucken
skruv Schraube
skruvmejsel Schraubenzieher
skruvnyckel Schraubenschlüssel
skugga Schatten
skulptur Skulptur
skydd Schutz
skyddsstuga Schutzhütte
skylt Schild
skyltfönster Schaufenster
skymning Dämmerung *(abends)*
skådespelare Schauspieler
skådespelerska Schauspielerin
skål Schüssel
skåp Schrank
skägg Bart
skällsord Schimpfwort
skämt Scherz
skänka schenken
skära schneiden
skärgård Schärenküste
skärva Scherbe
slang Schlauch
slott Schloss
slut Ende; Schluss
sluta aufhören
smaka schmecken
smal dünn; schlank; schmal
smittande ansteckend
sms SMS
smutsig schmutzig
smycke Schmuck
smärtstillande medicin Schmerzmittel
smör Butter
snabb schnell
snart bald
sniderі Schnitzerei
snorkel Schnorchel
snuva Schnupfen
snygg hübsch

snäll nett
snälla bitte
snö Schnee
snökedjor Schneeketten
snöre Schnur
socker Zucker
sockor *pl* Socken
sol Sonne
solarium Solarium
solbränna Sonnenbrand
solglasögon *pl* Sonnenbrille
solhatt Sonnenhut
solig sonnig
solkräm Sonnencreme
sollotion Sonnenmilch
solnedgång Sonnenuntergang
solskyddsfaktor Lichtschutzfaktor
soluppgång Sonnenaufgang
sommar Sommer
son Sohn
sophink Mülleimer
soppa Suppe
sort Sorte
souvenirbutik Andenkenladen
souvenir Andenken; Souvenir
sova schlafen
sovsäck Schlafsack
sovvagn Schlafwagen
spara speichern; sparen
sparbank Sparkasse
sparris Spargel
specialerbjudande Sonderangebot
specialitet Spezialität
spegel Spiegel
spegelreflexkamera Spiegelreflexkamera
spel Spiel
spela spielen
spelfilm Spielfilm
spenat Spinat
spindel Spinne
spis Herd
sportaffär Sportgeschäft
spricka Riss
springa laufen
spruta Spritze
språk Sprache
språkkurs Sprachkurs
spypåse Spucktüte
spår Gleis

spårvagn Straßenbahn
stad Stadt
stadion Stadion
stadsdel Stadtteil
stadsmur Stadtmauer
stadsport Stadttor
stadsrundtur Stadtrundfahrt
stanna bleiben; halten
stark scharf; stark
startkabel Starthilfekabel
station Station
stativ Stativ
staty Statue
stekpanna Pfanne
steward Steward *(Schiff)*
stiga av aussteigen
stiga på einsteigen
sting Stich *(Insekt)*
stjärna Stern
stol Stuhl
stor groß
storlek Größe
storm Sturm
stormarknad Supermarkt
stormig stürmisch
stormvarning Sturmwarnung
strandbad Strandbad
strand Strand
strax gleich *(zeitlich)*
strumpbyxor *pl* Strumpfhose
strumpor Strümpfe
stryka bügeln
strykjärn Bügeleisen
strålande heiter *(Wetter)*
strålkastare Scheinwerfer
ström Strom
studera studieren
stuga Bungalow; Hütte; Ferienhaus *(typisch schwed.)*
stulen gestohlen
stycke Stück
stå stehen
ståplats Stehplatz
städa putzen
ställa stellen
i stället för anstatt
stämning Stimmung
stämplingsautomat Entwerter *(Fahrkarte)*
stänga schließen
stängt geschlossen
stödperson Begleitperson
störa stören

störning Störung
större größer
stövel Stiefel
suddgummi Radiergummi
summa Summe
sur sauer
surfa surfen *(Sport)*
surfa på internet surfen *(Internet)*
surfbräda Surfbrett
svag schwach
svampar Pilze
svar Antwort
svart schwarz
svensk schwedisch
svensk Schwede
svenska Schwedin
svensk krona Schwedische Krone
Sverige Schweden
svettas schwitzen
swimmingpool Swimmingpool
svullnad Schwellung
svår schwierig
synagoga Synagoge
syntetmaterial Synthetik
syskon Geschwister
syster Schwester
så so
sångare Sänger
sångerska Sängerin
sår Wunde
sås Soße
säga sagen
säker sicher
säkerhet Sicherheit
säkerhetsbälte Sicherheitsgurt
säkerhetsnål Sicherheitsnadel
säkring Sicherung
säng Bett
sängkläder *pl* Bettwäsche
sätta på einschalten
söder Süden
sömntabletter Schlaftabletten
söndag Sonntag
sönder kaputt
söt süß

T

ta med mitnehmen
ta nehmen

tack danke
tak Dach
takräcke Gepäckträger
tal Zahl
tala reden
tallrik och bestick Gedeck
tallrik Teller
tamponger Tampons
tand Zahn
tandborste Zahnbürste
tandkräm Zahnpasta
tandläkare Zahnarzt
tandpetare Zahnstocher
tanka tanken
tavla Gemälde
taxi Taxi
taxistation Taxistand
teater Theater
teckning Zeichnung
te Tee
tejp Klebeband
telefon Telefon
telefonera telefonieren
telefonnummer Telefonnummer
tempel Tempel
temperatur Temperatur
tennis Tennis
termos Thermosflasche
terrass Terrasse
teve Fernseher
text Untertitel
tid Termin; Zeit
i tid pünktlich
tidigt früh
tidning Zeitung
tidtabell Fahrplan
till an *(Richtung)*; bis
tillbaka zurück
tillbehör Beilage
tillhöra gehören
tillsammans zusammen
tillägg Zuschlag
timme Stunde
tisdag Dienstag
titta på besichtigen
tjock dick
tjuv Dieb(in)
toalett Toilette; WC
toalettpapper Toilettenpapier
tobak Tabak
tom leer
tomat Tomate
tonfisk Thunfisch
topp Gipfel

toppen toll
torka trocknen
torktumlare Wäschetrockner
torn Turm
torr trocken
torsdag Donnerstag
trafikljus Ampel
trafikomläggning Umleitung
trampbåt Tretboot
trappa Treppe
tratt Trichter
tro glauben
trycka drücken
tråd Draht
trång eng
träd Baum
trädgård Garten
träffas sich treffen
trött müde
t-shirt T-Shirt
tull Zoll
tung schwer *(Gewicht)*
tunga Zunge
tunnelbana U-Bahn
tunnelbanestation U-Bahn-Station
turistinformation Touristeninformation
turkos türkis
tuta Hupe
tvål Seife
tvätta waschen
tvättlina Wäscheleine
tvättmaskin Waschmaschine
tvättmedel Waschmittel
tvättrum Waschraum
tycka om mögen
tysk deutsch
Tyskland Deutschland
tyst leise; still
tyvärr leider
tå Zehe
tåg Zug
tång Zange
täcke Bettdecke; Decke
tält Zelt
tälta zelten
tändare Feuerzeug
tändstickor Streichhölzer
tänka denken
törstig durstig

U

ull Wolle
under unter
underkläder *pl* Unterwäsche
underskrift Unterschrift
undertröja Unterhemd
ung jung
ungefär ungefähr
universitet Universität
uppdämd sjö Stausee
uppe oben
uppehåll Aufenthalt
uppkoppling till internet Internetanschluss
uppladdningsbar batteri Akku
upprepa wiederholen
upptaget besetzt
ur vad woraus
urolog Urologe
Ursäkta mig! Entschuldigen Sie!
USB-stick USB-Stick
utan ohne
utan trappsteg stufenlos
ute draußen
utflykt Ausflug
utflyktsbåt Ausflugsboot
utförsäljning Schlussverkauf
utgång Ausgang
uthyrningsavgift Leihgebühr
utomhusscen Freilichtbühne
utsikt Aussicht
utställning Ausstellung
utsåld ausverkauft
UV-filter UV-Filter

V

vaccinationsintyg Impfpass
vacker schön
vad was
vagn Waggon
vallfärdsort Wallfahrtsort
valuta Währung
vandra wandern
vandrarhem Jugendherberge
vandringskarta Wanderkarte
vandringsled Wanderweg
vapen Wappen
var wo
vara sein
vara hungrig hungrig sein
vara mätt satt sein

vara törstig durstig sein
varför warum
varm warm
varning Warnung
varningstriangel Warndreieck
vas Vase
vattenfall Wasserfall
vattenkran Wasserhahn
vattenmelon Wassermelone
vattenpolo Wasserball
vattenskidor *pl* Wasserski
vecka Woche
ved Kaminholz
vegetarisk vegetarisch
vem wer
ventil Ventil
verk Werk
verkstad Werkstatt
verktyg *pl* Werkzeug
veta wissen
veterinär Tierarzt
vi wir
vid bei; an *(örtliche Lage)*
vid lunchtid mittags
vidvinkelobjektiv Weitwinkelobjektiv
vikingaskepp Wikingerschiff
viking Wikinger
vikt Gewicht
viktig wichtig
vilja wollen
vilstol Liegestuhl
vin Wein
vind Wind
vindrutetorkare Scheibenwischer
vindruvor Weintrauben
vinna gewinnen
vinter Winter
vinäger Essig
visa zeigen
visitkort Visitenkarte
visning Führung
vit weiß
vitlök Knoblauch
vittne Zeuge, Zeugin
vittvin Weißwein
vuxen Erwachsener
vykort Ansichtskarte
våg Welle
våning Etage; Stockwerk
vår Frühling
väckarklocka Wecker
väder Wetter
väg Weg

väggmålning Wandmalerei
vägkarta Straßenkarte
vägtull Maut
vän Freund *(allg.)*
vända umkehren
väninna Freundin *(allg.)*
vänster links
vänta warten
värld Welt
värme Heizung; Hitze
väska Tasche
väst Weste
väster Westen
växelkontor Wechselstube
växel Gang
växlande wechselhaft

Y

yogurth Joghurt
yrke Beruf
ytterligare zusätzlich
yttertröja Pullover

Z

zoo Zoo

Å

åka bort wegfahren
ålder Alter
ångbad Dampfbad
år Jahr
århundrade Jahrhundert
åska Donner
återbetala rückerstatten
återresa Rückfahrt
återväg Rückweg
återvändsgata Sackgasse

Die Zahlen

0 .... noll noll
1 .... ett ett
2 .... två two:
3 .... tre tre:
4 .... fyra fy:ra
5 .... fem femm
6 .... sex seks
7 .... sju schü:
8 .... åtta otta
9 .... nio ni:o
10 .... tio ti:o
11 .... elva elwa
12 .... tolv tolw
13 .... tretton tretton
14 .... fjorton fju:rton
15 .... femton femmton
16 .... sexton sekston
17 .... sjutton schütton
18 .... arton a:rton
19 .... nitton nitton
20 .... tjugo schü:go
21 .... tjugoett schü:go-ett
22 .... tjugotvå schü:go-two:
23 .... tjugotre schü:go-tre:
24 .... tjugofyra schü:go-fy:ra
25 .... tjugofem schü:go-femm
26 .... tjugosex schü:go-seks
27 .... tjugosju schü:go-schü: